THE FOUR TENDENCIES

苦手な人を思い通りに動かす

グレッチェン・ルービン
Gretchen Rubin
花塚恵 訳

日経BP

はじめに
～「4つの傾向」を知れば簡単に人を動かせる～

それは、風の強い冬の昼下がりでした。アトランティック・グリルに足を踏み入れた私には、その後の人生にとてつもない影響を与える出来事がそこで待ち受けているなんて思いもしませんでした。

私はチーズバーガーを食べはじめ、友人はサラダをつついていました。そのとき、彼女が何気なく「ランニングを習慣にしたいのにできないの。本当に嫌になっちゃう」と話しはじめたのです。そして、そのあとに彼女が発した問いかけは、何年も私の心から離れなくなる極めて重要なものでした。

「高校の陸上部では一度も練習を休まなかったのに、どうして今は走れないのかしら？」

「どうしてかしらね」

私は彼女の言葉を繰り返しました。

「まあ、今は自分の時間をつくりたくてもつくれないからね」

「そうね……」

そうして話題は別のことに移りましたが、私は彼女と別れてからも、その問いが頭から離れなかったのです。**同じ人間が、同じことをしたいと思っているのに、高校生のときはできて、今はできない。それはなぜなのか？**

年齢が原因なのか？　それとも、モチベーションの問題？　家庭の事情？　住んでいる場所？　団結心など別の原因があるの？

また、彼女は、誰もが「自分の時間をつくること」に苦労するものだと思い込んでいました。でも私は、自分の時間をつくることが苦ではありません。いったい、彼女と私は何が違うというのでしょうか？

私はそれから数年にわたり、これらの答えを見つけようとしました。

人は「4つの傾向」のいずれかを持っている

こんな言い回しがあります。

「世の中には2種類の人間がいる。世界を2種類の人間に分ける人と分けない人だ」

この言葉を借りるなら、私は間違いなく前者です。私は人間の本質に強い関心を持っていて、人の行動パターンや行動を起こす理由をいつも探してきました。

何年も前から幸せと習慣について研究していますが、最近わかったことは、すべての人がより幸せな人生、より健康な人生、より生産的な人生を築けるような魔法の答えは存在しないということです。

効果が出るかどうかは人によって異なる。それどころか、誰かに効果があることが、別の誰かにはむしろマイナスの効果を生むことすらあるということもわかりました。

朝型の人もいれば、夜型の人もいる。何かを断つと決めたら徹底する人もいれば、ほどほどの誘惑を許す人もいる。ものの少なさを好む人もいれば、ものの潤沢さを好む人もいる。

それだけではありません。走る習慣について友人が放ったひと言を頭の中で巡らせているうちに、「夜型の人」と「朝型の人」といった表面に出てくる違いの奥には、**人間性の基盤となる特徴的な違い**があるのではないかと感じるようになりました。

奥深くにあるとはいえ、ひと目見ればそれと気づくはずだと探りつづけたものの、これだという答えはなかなか見つかりませんでした。

私はその何かを明らかにしたくて、ウェブサイトでさまざまな質問を投げかけました。

「新年の誓いを掲げることについてどのように思っていますか？」

「交通ルールは守りますか？　いずれにせよ理由も教えてください」

「楽しそうだからという理由だけで、講座に申し込んだことはありますか？」

という具合です。

そして、読者から寄せられたさまざまな回答には、**顕著なパターン**があることを発見しました。不思議なことに、示し合わせたかのように似ている回答がいくつもあったのです。

たとえば新年の誓いについての質問には、次のような回答が一定数の人から届きました。

「役に立つと思えば守りますが、元日から始めようとは思いません。1月1日に必然性はないからです」

こうした回答には例外なく「必然性はない」という言葉が使われていました。これは実に興味深いことです。この言葉をあえて選んだということですから。私に限って言えば、今まで1月1日という日付の必然性が気になったことなど一度もありません。けれど、そのことをわざわざ問題にする人が一定数いるとわかり、彼らに何か共通点があるのではないかと思うようになりました。

また、次のような回答も多く見られました。

「新年の誓いは、掲げても守れたことがないのでもう掲げなくなりました。自分の時間がどうしてもつくれないのです」

「約束に縛られたくないので、誓いを掲げたことはありません」

同種の回答が一定数集まることには重要な意味があると気づきながらも、共通するパターンは見えてきませんでした。

でも、それから何か月もこのことについて考えているうちに、私はとうとうひらめいたのです。その考えは、自宅の仕事部屋で机に向かっているときに、突然頭をよぎりました。このパターンを明らかにするには、**とてもシンプルな質問をすればいいことに気づいたのです。**

その質問とは、**「あなたは期待に対してどのような態度をとりますか？」**でした。

私はようやく謎を解くカギを見つけたように思いました。このときの興奮は、浮力の原理を発見したアルキメデスがバスタブから飛び出したときに匹敵するかもしれません。

机の前に座ったまま「期待」に関するさまざまな思考が頭の中を駆け巡りました。

まず、人が直面する期待には次の2種類があるということを考えました。

- **外からの期待：他者から課される期待（例：仕事の期限）**
- **内なる期待：自分で自分に課す期待（例：新年の誓い）**

重要なのはここからです。**外からの期待や内なる期待にその人がどのような態度をとるかで次の4つの傾向に分類できる**のです。

アップホルダー（約束を守る人）――外からの期待と内なる期待の両方に進んで応えようとする。

クエスチョナー（疑問を持つ人）――あらゆる期待に疑問を抱き、自分が正当だと思う期待にのみ応えようとするため、実質、内なる期待にしか応えようとしない。

オブライジャー（義務を果たす人）――外からの期待には進んで応えようとするが、内なる期待にはなかなか応えられない。

レブル（抵抗する人）――あらゆる期待に反発し、外からの期待、内なる期待のどちらに対する態度も変わらない。

たったひとつの質問を投げかけるだけで、**どんな人もこの4つに分類できる**。答えはこのシンプルな法則にあったのです。

この発見によって、例の友人がなぜランニングを習慣にできないのかもわかりました。

彼女はオブライジャーなのです。チームメイトやコーチからの期待があった環境では問題

4つの傾向

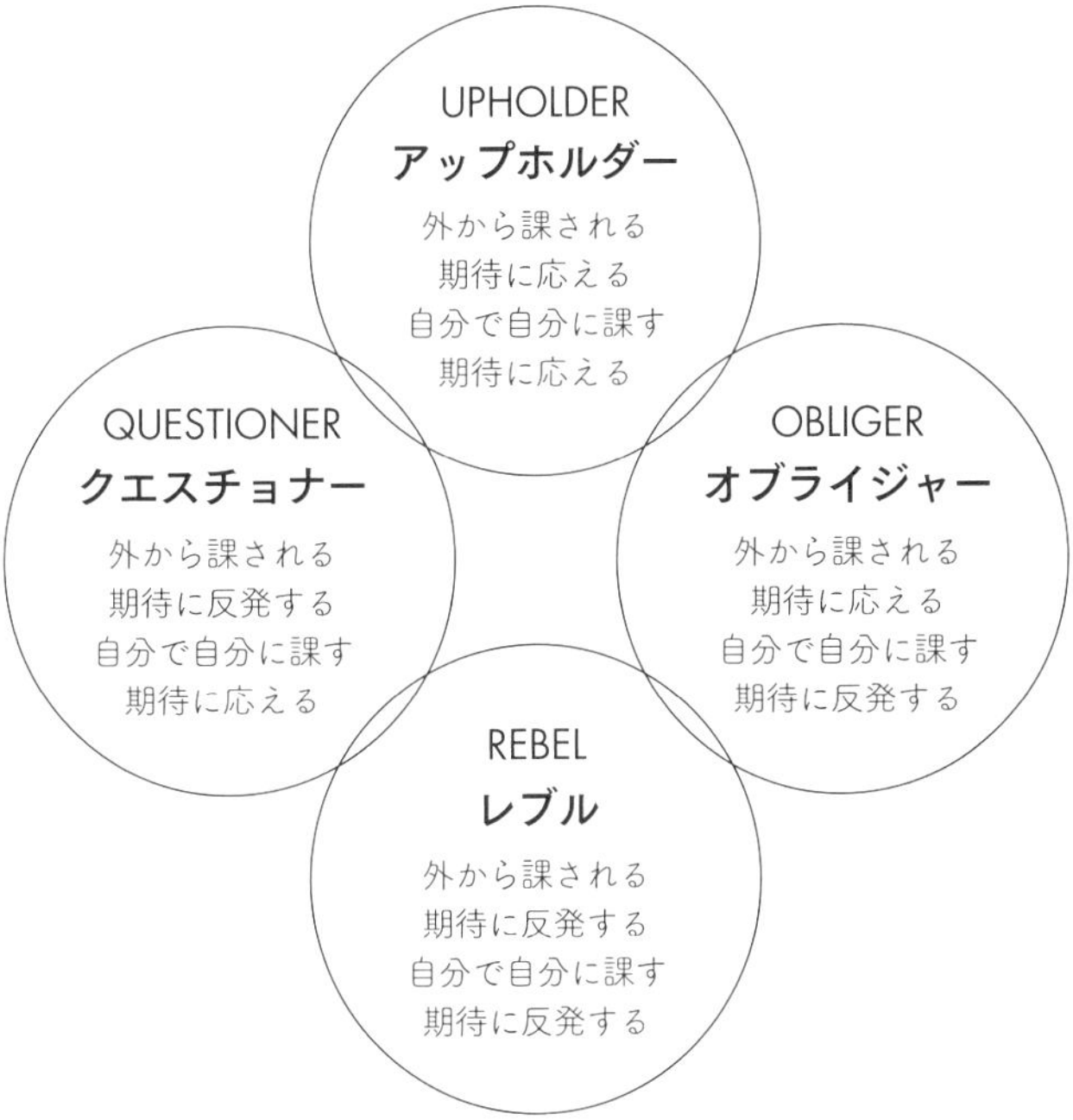
UPHOLDER
アップホルダー
外から課される
期待に応える
自分で自分に課す
期待に応える
QUESTIONER
クエスチョナー
外から課される
期待に反発する
自分で自分に課す
期待に応える
OBLIGER
オブライジャー
外から課される
期待に応える
自分で自分に課す
期待に反発する
REBEL
レブル
外から課される
期待に反発する
自分で自分に課す
期待に反発する

なく練習に参加できました。けれど、期待をかけるのが自分ひとりになると、その期待に応えられなくなったのです。新年の誓いに関する質問に対してこの友人と同じような回答がたくさん集まったことをはじめ、この法則の発見によってさまざまなことが腑に落ちました。

「4つの傾向」というフレームワーク（分類法）を使うと、人の行動パターンが顕著になり、多くの人が何となく気がついていながら素通りしてきたことを明らかにすることができます。

このフレームワークを4つの円を重ねた図で表すと、シダの葉状体やオウムガイを思わせる美しい形状になることにも気づきました。

このとき私は本気で人間の本質に関する自然の法則を発見したとさえ思いました。

けれど本当のところは、それほど大げさなものではありません。

この法則は『ハリー・ポッター』に登場する「組み分け帽子」のようなものと思っていただいたいたほうがいいかもしれません。

4つの傾向を見いだした私は、その理解を深めることに務めました。

習慣のつくり方や変え方をテーマにした前著『人生を変える習慣のつくり方』の冒頭は、「4つの傾向の活かし方」を紹介する章となりました。

また、私のウェブサイト「gretchenrubin.com」でも4つの傾向を紹介し、妹のエリザベス・クラフトとふたりで毎週配信しているポッドキャスト「ハピアー・ウィズ・グレッチェン・ルービン」でもとりあげました。4つの傾向について話題にすると、読者やリスナーから必ず反響がありました。

各傾向の簡単な説明を読めば、自分で傾向を特定できると思いますが、念のため、診断テストも作成しました。次の章に収録してあるので、傾向がはっきりしない人や自分の出した答えを確かめたい場合に活用してください。

このテストはこれまでに200万人もの人が受けてくれ、その回答やテストを受けた人々の反応は、私の探求にとっての財産になりました。

4つの傾向の精度を試すため、私はアメリカ全土を対象に調べると決めました。そして専門機関を通じて、さまざまな地域から性別、年齢、世帯収入の異なるアメリカ人成人の代表サンプルを抽出した定量的な調査を実施したのです（注1）。

サンプル調査によって明らかになったのは、4つの傾向の割合でした。41パーセントともっとも多かったのはオブライジャーです。その次はクエスチョナーで、24パーセントでした。レブルはもっとも少なく、17パーセント（ですが、思ったより多くて私は驚きました）。そして、私の傾向でもあるアップホルダーは、レブルよりわずかに多い19パーセントでした。

この調査によって、4つの傾向に関する私の見解の多くが正しかったということも実証されました。

たとえば新年の誓いについて見ると、アップホルダーは誓いを掲げる確率が高いのですが、レブルはそれを嫌います。クエスチョナーは1月1日にこだわらず自分のタイミングで誓いを掲げ、オブライジャーは過去に守れなかったという理由から、誓いを掲げること自体をあきらめるという具合です。

4つの傾向について精査する中、私は各傾向に色を割り当てました。

クエスチョナーは黄色です。信号の黄色は、進むかどうかの決断に「待った」をかけて注意を促しますが、クエスチョナーも同じように、期待に応える前につねに自分に「待った」をかけて自問するからです。オブライジャーは安全や安心をイメージする緑。つねに期待に応えることを選ぶからです。そして、レブルは「ノー」と言って期待に応えることにいちばん「ストップ」をかけます。警告を示す赤を当てました。そして、冷静にものごとを実行するアップホルダーには青を割り当ててみました。

各々のイメージカラーとしてうまくはまっているように思います。

4つの傾向についての研究を進めていくと、私はしだいにその影響力の大きさを実感するようになりました。

傾向を考慮すれば、人は自分自身をより深く理解できるようになるのです。自分の傾向を把握することはとても重要です。幸せな人生というものは、自分の性質、興味、価値観を無視して築くことはできないのですから。

また、自分以外の人の傾向について理解することも大切です。

職場の同僚、上司、教師、コーチ、夫、妻、親、子ども、医療関係者、患者など、**自分の身近な人の傾向を把握すれば、その人たちとのつきあいや仕事がしやすくなります。**

つまり、4つの傾向を理解することは、あなたを取り巻く世界をより深く知ることにつながるのです。

「傾向」は生まれつき変わることがない

傾向は生まれつき誰もが持っているものです。**それは出生順位、親の育て方、宗教的教育、性別で変わるものではありません。**外向性や内向性も関係ありません。プライベートかビジネスかで変わったり、友人が一緒にいるかいないかで変わったりすることもありません。また、年齢とともに変わるということもありません。

ほとんどの人が、4つの傾向のうちのどれかに驚くほどぴったりと当てはまります。子どもの傾向は判別しづらいこともありますが（私はいまだに娘のうちのひとりの傾向をつかみかねています）、大人になるころには特定の傾向に収まるようになります。

そして、その傾向に即したものの見方や言動をとるようになります。人生を一変させるような壮絶な体験（瀕死の状態をさまよう、深刻な病を患う、深刻な依存症にかかるなど）をした場合は別ですが、**人の傾向は基本的には変わらない**ものなのです。

時代の変化や置かれている環境によって、自分の傾向が有利に働くこともあれば不利になることもあるでしょう。たとえば、クエスチョナーが北朝鮮で暮らせば、疑問に思ったことを理由に投獄されるかもしれません。ですがシリコンバレーでは、その傾向ゆえに昇進を勝ち取れるかもしれないのです。

傾向は同じでも、個々の性格は千差万別だということは頭においておいてほしいと思います。まわりに比べて思慮深い、野心が強い、理知的、主導権を握りたがる、カリスマ性がある、思いやりがある、心配性である、エネルギッシュだ、大胆だといった特性は、傾向に関係なく見受けられるものです。

こうした個々人の性格は、傾向の表れ方に多大な影響を及ぼします。たとえば傾向は同じレブルでも、周囲から尊敬されるリーダーになりたいという野心を抱えている人と、仕事での成功にあまり関心がない人とでは、ふるまいは変わってくるでしょう。

自分の傾向はひとつではないと主張する人もいるかもしれません。「私はオブライジャーであり、アップホルダーでもある」とか「私の傾向は状況に応じて変わるのだ」という意見はもっともらしく思えるかもしれませんが、そういう人たちにもいくつか質問すれば、ほぼ例外なくあっという間にひとつの傾向に収まります。

人は自分に重なる部分のある傾向に「寄る」ことはあっても、核となる傾向からはみ出すことはないのです。

そして、土台となる傾向はひとつですが、アップホルダー、クエスチョナー、オブライジャー、レブルのそれぞれの部分をどんな人も持ち合わせています。

たとえば、無視できない状況で期待を課されれば、傾向を問わず誰だって期待に応えるでしょうし、レブルであっても、罰金を払わされたらシートベルトを着用するでしょう。

期待に応える必要性が感じられなかったり、その期待に応えることが非効率にしか思えなかったり、自分の裁量で決められそうなことに対してもいちいち断りを入れろと言われたりすれば、誰だって疑問に思うでしょう。

あるいは「自分以外の誰かのために」期待に応えるケースもあります。どれほど強力なアップホルダーでも、我が子が手術を終えてまだ目を覚ましていなければ、月曜午前の定例会議を欠席するに違いありません。

傾向に関係なく、主体性を求める気持ちは誰にでも必ずあります。誰だって頭ごなしに命令されるよりは、やってもらえないかと尋ねられるほうが気分がいい。また、支配されていると強く感じれば、自分の自由や選ぶ権利を脅かされていると感じて「反発」が起こるかもしれません。

あるカンファレンスで4つの傾向について説明したあと、ひとりの男性が私のほうに歩み寄ってきてこう言いました。

「私は、ドライバーは自分が安全だと思う速度で運転すればいいと思っています。だからクエスチョナーですね！」

私は苦笑いをするしかありませんでした。傾向というものは、「速度制限を無視するからクエスチョナー」「皿洗いは絶対にやらないからレブル」「やることリストが大好きだからアップホルダー」という単純な話ではないのです。

自分の傾向を特定するには、さまざまな言動やそうした言動をとった理由を考慮する必要があります。たとえば、期待に応えないのはクエスチョナーもレブルも同じ。けれど、クエスチョナーは「それをしても意味がないからやらない」と思っているのに対し、レブルの場合は「命令されるのが嫌だからやらない」とその理由に違いがあるのです。

どの傾向にもそれぞれ厄介な部分はあります。ただし、一般的にはオブライジャーとレブルに扱いづらさを感じる人が多いかもしれません。

ここで言う扱いというのは、**その傾向を持つ人自身の自分とのつきあい方、その傾向を持つ他者とのつきあい方のどちらの場合も含みます**（そのため、オブライジャーとレブルの章は、アップホルダーとクエスチョナーの章に比べて長くなりました）。

人の特性については、主要5因子性格（ビッグ・ファイブ・パーソナリティ特性）、ストレングス・ファインダー、エニアグラム、マイヤーズ・ブリッグス、VIAなどのフレームワークがすでにあります。

私が4つの傾向の話をすると、これらと4つの傾向を照らし合わせようとする人が必ずいて、中には、ホグワーツ魔法魔術学校の4つの寮に当てはめようとする人までいました。

人の本質の理解に役立つフレームワークや診断テストはそれぞれに優れたところがありますから、それらをイコールで結ぼうとするのは間違っていると私は思います。

どのフレームワークにも固有の考え方があり、一緒くたにしてしまうとその良さが失われてしまうのではないでしょうか。

そもそも、人間性の深さや幅のすべてを解釈することは、どんなフレームワークやシステムを使ってもできることではありません。

そして、既存のフレームワークの多くは、要素を盛り込みすぎているようにも思えます。その点、4つの傾向は、**傾向という側面にだけスポットを当てます。**これも大事な側面ではありますが、人を形づくる要素はほかにもまだまだたくさんあります。

4つの傾向は、**人が特定の行動をとる、またはとらない理由**にスポットを当てたフレームワークなのです。

自分の傾向がわかれば「強み」を生かせる

4つの傾向について話をしていると、ときどき「最高の傾向」を見つけてそれに自分を当てはめようとする人がいます。けれど、**傾向には最高も最低もありません。**

特定の傾向を持っている人がいちばん幸せとか、いちばん健康であるとか、いちばん生産的になれるというわけではないのです。

それらを手に入れたいなら、自分の傾向の強みの生かし方や弱みのカバーの仕方を知り、それらを使って自分に合った人生を構築する術を理解するのがいちばんです。

知恵と経験、それに加えて4つの傾向からわかる自分自身に関する知識があれば、**時間をより有効に使い、より良い決断を下せる**ようになります。**ストレスは軽減して健康になり、周囲と今以上に充実した関係を築けるようにもなります。**

一方、自分の傾向を把握していなかったらどうなるでしょうか。成否を決める大事な場面で、自分がどういう行動をとるかがわからずに失敗してしまうかもしれません。そういえば以前、著作権エージェントの友人からこんな相談を受けたことがあります。

「クライアントのひとりに、新聞社ですばらしい仕事をしていたジャーナリストがいるの。彼は締切を破ったことがなく、執筆意欲もとても高い。でも新聞を離れて本を書くことになった途端、作家の壁にぶち当たったみたい」

「作家の壁とは違うんじゃないかな。彼はオブライジャーなのよ、きっと」と私は答えました。「締切をしょっちゅう迎えていたときはちゃんと書けていたのに、締切までの期間が長くなり、監督の目がほとんどなくなった途端に書けなくなったのなら、編集者に毎週チェックを入れてもらうか、作家のグループに参加すればいい。あとは、決まった量の原稿を定期的に出してもらうとか。とにかく、外に対する責任が生まれるように工夫するといいと思うわ」

4つの傾向がどういうものかを理解していないと、人に対して非現実的な変化を期待してしまうこともあります。

ある女性からは次のようなコメントが届きました。

「夫がレブルです。これが彼の本性で、一生変わることがないと思うと腹が立ちます。レブルというのはただ単に、大人になりきれず、世の中はそのときどきの自分の気分に合わせて動くものではないということがわからない人のことなのではないですか？　夫のそういう態度がいつか変わることはあるでしょうか？」

身も蓋もないことは言いたくありませんが、このコメントから判断する限り、残念ながら彼が変わることはないでしょう。


また、「自分の傾向にもとづいてキャリアを選ぶべきですか？」という質問も多く寄せられます。

結論を言えば、**どの傾向の人もどんな仕事にも就くことができます。**とはいえ、キャリアに傾向が及ぼす影響を考慮するのは利点があります。

たとえば、私の知り合いのドッグトレーナーはアップホルダーで、アップホルダー気質を仕事にうまく持ち込んでいます。だからといって、アップホルダーしかドッグトレーナーになれないというわけではありません。クエスチョナー、オブライジャー、レブルの人がドッグトレーナーとして働いている姿も容易に思い浮かべることができます。

傾向に関係なくどんなキャリアも追求できるとはいえ、傾向を無視するのは得策ではありません。**4つの傾向を把握していれば、自分が楽しめそうな仕事とそうでない仕事を見極められるようになるからです。**

読者から次のようなコメントが届きました。「なぜ自分の仕事が嫌いなのか、その理由が今ははっきりわかります。私は完全なクエスチョナーです。税理士をしていますが、必然性のない膨大な規則に意味を感じられないので、細部に至るまで遵守する気が起こりません。それが、仕事での成功と充足感の大きな妨げとなっているのです」

自分の傾向を把握すると、「私はこういう傾向の人間というだけで、別におかしくない。この傾向を活かせばいい」と自覚して自分を思いやれるようになります。

アップホルダーの読者からはこんなコメントが届きました。「両親からいつも力を抜けと言われ、亡き夫からもいつも力を抜けと言われ、今は娘から力を抜けと言われます。でも私は、自分で自分に課したルールを守っているほうが幸せなのだと、今ははっきりわかります」

レブル傾向の持ち主の意見も紹介しましょう。

> 自分がレブルだと気づいたことで、何年セラピーに通っても効果が表れない理由がわかりました。セラピーでは私の自制心が足りないと言われ、いくつかの対策を試しましたが、

どれも逆効果でした（責任感など私の知ったことではありません）。
これは対策の問題ではありません。
私たちレブルは、人として間違っているとよく言われます（そう信じ込ませられること
もよくあります）。
自立すべき大人のはずなのに、請求書の支払いを滞らせたり、プロジェクトを最後までや
り遂げなかったり、ルールに従うことをやみくもに拒んだりするのは、どこかおかしいか
らに違いない。他者だけでなく自分自身の期待にすら応えたがらないのはふつうじゃない。
変わっているという言葉では片づけられず、今の世の中では、はっきりいって病気と呼
んでも差し支えない、という具合です。
ですが、４つの傾向を知ったおかげで、病気ではないのだと安心できました。
このフレームワークのおかげで、自分のおかしいところではなく、自分の長所に目を向
けられるようになりました。

オブライジャーの意見も紹介します。

テレビ番組の放送作家をしています。台本は期日までに必ず上司に提出しますが、情け

ないことに、個人的に設けた締切には何ひとつ対応できません。

周囲からは、怠惰、無責任、大人の服を着た子どもなどと言われ、そういう言葉が頭にこびりついて離れませんでした。でも、オブライジャーという新たな呼称を知ったおかげで、自分を受け入れられるようになりました。

自分への嫌悪感を脇に追いやって、ものごとを終わらせるために自分で工夫を凝らすことに集中できるようになったのです。その甲斐あって、生産性が上がりました。それに何より、毎日がずっと楽しくなりました。

自分自身の傾向を把握すると、成功のチャンスを引き上げることが可能になります。生まれ持った傾向を変えることは、はっきりいって不可能ですが、自分が置かれている状況を、自分の傾向に適したものに変えることならそれほど難しくはありません。

自分の傾向に即して、期待の内容を明確にしたり、理由を把握したり、責任を増やしたり、自由度を高めたりすればいい。

自分の傾向について深く知れば、成功につながる状況を生み出せるようになるのです。

相手の傾向がわかれば「強み」を引き出せる

今度は他者の傾向を理解した場合について見ていきたいと思います。

他者の傾向を理解すると、相手に寛容になれます。相手の言動が自分に敵意を抱いているからではないということがわかるようになるからです。

クエスチョナーが質問するのは、上司を抑えつけたいからでも、教授の権威に異を唱えたいからでもありません。クエスチョナーはどんなときでも疑問を抱くものなのです。

ある読者からこんなコメントが届きました。「レブルの男性と7年ほど一緒に住んでいます。彼の言動がレブルとして自然なことだとわかって安心しました。私がオブライジャーらしい言動をとるのと同じことなのですね」

他者の傾向を知っていると、**説得したり、やる気を引き出したりすることが容易になり、衝突を避けることができます。**一方で、相手の傾向を考慮しないで言葉をかければ、話が通じないばかりか、逆効果になる恐れすらあるのです。

コミュニケーションを図るときは、適切な言葉で話すことが大切です。

つまり、話し手が話したいように話すのではなく、聞き手が納得するようにメッセージを伝えなければならないということです。聞き手の傾向を知ってから話せば、自分と違う価値観を持つ相手の心を開くことができるのです。

反対に傾向を無視すれば、コミュニケーションが成立する確率は下がるでしょう。アップホルダーがレブルに説教をすればするほど、レブルは反発したくなります。クエスチョナーが行動を起こすべきもっともな理由を並べ立てたところで、相手がオブライジャーなら理詰めはあまり効果がないかもしれません。オブライジャーを動かすカギは、外から課される責任だからです。

各傾向の違いを見事にとらえたジョークがあるので、ここで紹介したいと思います。

Q：アップホルダーに電球を替えさせるにはどうすればいい？
A：アップホルダーならすでに替えている。

Q：クエスチョナーに電球を替えさせるにはどうすればいい？
A：とにかくその電球が必要な理由を説明する。

Q：オブライジャーに電球を替えさせるにはどうすればいい？

A：替えてくれと頼む。

Q：レブルに電球を替えさせるにはどうすればいい？

A：自分で替えるしかない。

クエスチョナーの栄養士がこんなことを言っていました。

「私の目標は、この国の人たちの食生活を良くすること。だから、食生活が文化や経済をどのように形づくるかを説明した本を書く」

彼女は、食生活の大切さを詳細かつ論理的に本で伝えれば、アメリカ中の人々の食習慣が変わると固く信じていました。実にクエスチョナーらしい考えだと思います。

しかし、伝えたいことを効果的に伝えるには、**自分ではなく相手の傾向に適した伝え方をする必要があります**。このことは、医師、教授、コーチ、上司、配偶者、親、同僚、教師、隣人など立場に関係なく、自分以外の誰かを説得したい人、つまり、この世に生きる人すべてに当てはまります。

大勢に向けたメッセージであっても、どの傾向にも響く伝え方をすることはできます。

週末にかけて開かれたとあるカンファレンスで私が4つの傾向について説明したときに、実に工夫をこらした例を目の当たりにしました。

私が壇上に上がる前に、カンファレンスのとりまとめ役が参加者に向かって、カンファレンスのあいだは時間厳守で所定の場所に集まってほしいと訴え、その理由を長々と説明していました。それが私の講演後には、4つの傾向それぞれに向けられた説明に変わったのです。私はうれしくなりました。

「アップホルダーのみなさんには、私のお願いに率先してご協力いただけることに感謝の意をお伝えいたします。クエスチョナーのみなさんは、どの会議にも時間厳守で出席していただきたい理由を説明したので大丈夫ですね。オブライジャーのみなさん、私が見ていますよ。時間厳守で会場に現れることを期待しております。レブルのみなさん、バーへ行くのは会議のあとにしてくださいね」。完璧です！

傾向によって、それが心に響く言い方かどうかが変わります。

レブル傾向の子どもにピアノを練習させたいときは、「ピアノを弾く気分になった？」という言い方をしたほうがいいかもしれません。アップホルダー傾向の子どもには、「さあ、ピアノを弾く時間よ」と言うだけで喜んで練習するでしょう。

健康管理についても傾向が影響を与えます。アメリカで病気や死亡の原因というと、偏った食生活、運動不足、飲酒、処方薬の乱用、喫煙が主にあげられますが、いずれも意識すれば改善できることばかりです。このことからもわかるように、医師の言葉を聞きいれるかどうかで、患者の明暗が分かれます。

医師が患者に話をするときに相手の傾向を考慮に入れていれば、甘いものを控えること、毎日20分の散歩をすること、リハビリに励むこと、断酒をすること、そして、病院で治療を受けることの説得がうまくいく確率は高まります。

4つの傾向というフレームワークは、あくまでも自分自身の理解を深めるためのものであって、アイデンティティや可能性を狭めるものではありません。「自分を定義することは、自分に制約を設けることだ」と言う人がいますが、私は自分で自分を定義することはとても有意義なことだと思っています。

自己規定は、自分を知るためのスタート地点です。4つの傾向は、成長を滞らせるものでも、自分についてのすべてを決定づけるものでもありません。**今の自分には見えていない本質に光をあてるもの**なのです。

自分への理解が深まり、自分の傾向がもたらすものの見方を把握すると、自分の置かれている状況を、自分の本質に合うものに変えられるようになります。自分以外の人の傾向と、その傾向が形づくるものの見方を理解すれば、その人とうまくつきあえるようになります。

4つの傾向について知っていれば、言い方を微妙に変えたり、短い会話を交わしたり、手順に小さな変化を加えるだけで、**誰かの行動を一変させることができる**とわかるでしょう。

これはとても大事なことです。医師が患者に血圧の薬を定期的に飲ませることができれば、患者の寿命を延ばすことができます。教授が学生に課題をやり遂げられるように促すことができれば、学生は単位を落とさずにすみます。夫と妻が冷静に話ができるようになれば、結婚生活は長続きするでしょう。そして、私が週末に仕事のメールを送らなくなれば、私と仕事をする人たちは苛つかなくなるかもしれません。

人生には日々、「自分の望むことを、（自分を含む）誰かにさせるにはどうすればいいか？」という大きな難問がつきまといます。**この問題の解決をずいぶんラクにしてくれるのが4つの傾向なのです。**

苦手な人を思い通りに動かす　目次

1章

調べてみよう！
あなたの傾向はどのタイプ？

「人生につきものの責務において、いちばん重要となるのが教育、そして自分の性格の管理だ。（中略）人は自分自身の傾向を、冷静かつ慎重に見極める必要がある。自分を欺いて誤りを隠遁し、優れた点ばかりを強調することや、自分をむやみに卑下して、自分の優れた力を認められなくなることがあってはならない。また、自分は生まれつき何の力も持たないと無力感に浸ることを避け、自分には無限の力があるとしっかりと認識しなければならない」

『人生の道標』ウィリアム・エドワード・ハートポール・レッキー

傾向を特定するための診断テストを用意しました。
Ａ、Ｂの設問に対し、いつもの自分にいちばん適した答えを選んでください。例外を探したり、特定の面だけをとらえた回答は避けましょう。

Ａ　1〜6の質問に対し、選択肢a〜dから自分に当てはまるものを1つ選びましょう。

1　新年の誓い（例：水を飲む量を増やす、日記をつける）を掲げ、誰に対する責任がなくても守ったことがあるか？

□ a　ある。新年の誓いを守ることで苦労はない。自分の中だけで掲げていたとしても、必ず守る。

□ b　誓いを守ることはつらくないが、自分でふさわしいと思うタイミングでしか誓いは掲げない。1月1日に必然性はないので、新年を待って誓いを掲げようとは思わない。

□ c　誓いの類いを守れなかったことがあるので、あまり掲げようとは思わない。自分のためだけに誓いを掲げて守ろうとすると、うまくいかないことが多い。

□ d　誓いを掲げたことがない。自分を縛るものはどんなものでも嫌いだ。

2 次の中で、自分自身との約束に対する考え方にいちばん近いものはどれか？

□ a 心から納得できたときだけ、自分自身に約束するようにしている。

□ b 自分以外の誰かから自分に約束することを期待されたら、その期待に応えようとするが、誰からも期待されなければ、なかなか約束できない。

□ c 自分で自分を縛ることはできるだけしないようにしている。

□ d 自分自身に対する約束も、自分以外の人に対する約束も、同じように真剣に受け止める。

3 誰しも自分自身に不満を感じるときはあるが、あなたがいちばん不満を感じやすいのは次のどれか？

□ a 絶えずより多くの情報を求めてクタクタになったとき。

□ b 何かを期待され、やる気が失せたとき。

□ c 誰かのためなら時間を割けるのに、自分のためには時間を割けないとき。

□ d 身についている習慣やルールを、破りたいと思っても破れないとき。

4 健全な習慣が身についていたとき、長続きの秘訣となったことは何か？

□a 気にかけてくれる人がいなくても、習慣は身につきやすい。

□b その習慣を続けたほうが良い理由や続けるコツについて調べ、自分に合うやり方を自分で編み出した。

□c 良い習慣は、報告する義務がある場合にしか身につかない。

□d 事前に自分を縛るようなことは、基本的にしない。

5 あなたの言動でまわりからいちばん不満を言われそうなことは次のどれか？

□a あなた自身にとって良い習慣だと思えば、たとえまわりに迷惑をかけることになっても続けること。

□b 質問が多すぎること。

□c 誰かに頼まれたときは上手に時間をつくるのに、あなたのためには時間をつくろうとしないこと。

□d あなたがやりたいことを、あなたがやりたいタイミングでしかやらないこと。

6 あなたにいちばんふさわしい描写は次のどれか？

□a 他者（クライアント、家族、隣人、同僚など）を第一に考える。

□ b　自制心が強い（強すぎて意味がわからない行動をとることもある）。

□ c　誰かに管理されることを拒む。

□ d　必要だと思うことを尋ねる。

B　7〜13の選択肢から、自分に当てはまる（どちらかといえば当てはまるというものも含む）ものをすべて選びましょう。

□ **7**　周囲から不満に思われることがあるが、それは何かを頼まれても引き受けようとしないからである（頼んでくる相手が上司やクライアントのときも含む）。

□ **8**　自分にとっていちばん納得できると思えることは、ルールや他者からの期待を無視することになってもやろうとする。

□ **9**　自分以外の人との約束は絶対に破るべきではないが、自分自身との約束は破ってもいい。

□**10**　自分以外の誰かがやらせたがっているとわかると、本当はやりたいのにやらないことがある。

□**11**　「自分は人を喜ばせたい人間だ」という表現を使うことがある。

□**12**　ルールや慣習を破っても気にならない。むしろ楽しいと思うことが多い。

□**13**　４つの傾向が本当に信頼できるか疑わしい。

次ページで回答を集計し、当てはまるものがもっとも多いのがあなたの傾向です。

もし、もっとも多い傾向が２つあっても、その２つの傾向を混ぜたものがあなたの傾向ということではありません。**より自分を正確に表していると思う傾向を自分で選んで決めてください。**

あなたのことをいちばんわかっているのは、あなた自身です。テストの結果とは違う傾向のほうが自分を表していると思うなら、自分の判断を信じていいでしょう。

A

	1	2	3	4	5	6	合計
アップホルダー	a	d	d	a	a	b	
クエスチョナー	b	a	a	b	b	d	
オブライジャー	c	b	c	c	c	a	
レブル	d	c	b	d	d	c	

B

7に(どちらかというと)当てはまる ➡ レブルに1点
8に(どちらかというと)当てはまる ➡ クエスチョナーに1点
9に(どちらかというと)当てはまる ➡ オブライジャーに1点
10に(どちらかというと)当てはまる ➡ レブルに1点
11に(どちらかというと)当てはまる ➡ オブライジャーに1点
12に(どちらかというと)当てはまる ➡ レブルに1点
13に(どちらかというと)当てはまる ➡ クエスチョナーに1点

AとBの合計

アップホルダー	クエスチョナー	オブライジャー	レブル

2章

「約束を守る人」はこう動く

〜堅物と言われても自分が決めたルールを守りたい〜

４つの傾向

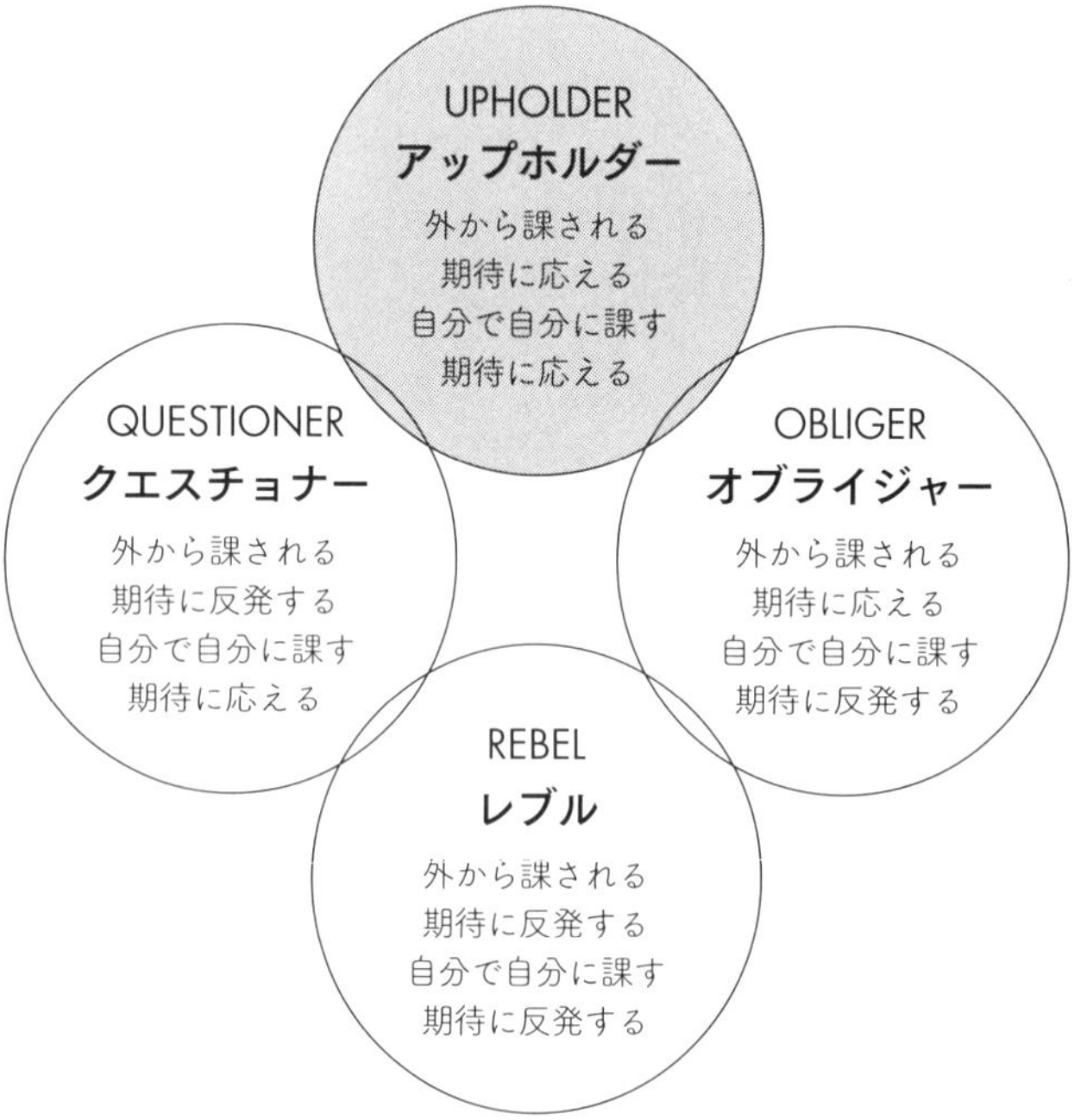
UPHOLDER
アップホルダー
外から課される
期待に応える
自分で自分に課す
期待に応える
QUESTIONER
クエスチョナー
外から課される
期待に反発する
自分で自分に課す
期待に応える
OBLIGER
オブライジャー
外から課される
期待に応える
自分で自分に課す
期待に反発する
REBEL
レブル
外から課される
期待に反発する
自分で自分に課す
期待に反発する

私たちが人生で直面する期待には**2種類**あります。ひとつは、自分以外の誰かによって与えられる**外からの期待**（例：期日までに報告書を提出してほしい）。そしてもうひとつは、自分で自分に課す**内なる期待**（例：毎晩11時までにベッドに入る）です。

4つの傾向のひとつである**アップホルダー（約束を守る人）は、外からの期待、内なる期待のどちらにも進んで応えようとします**。だから、締切に間に合うように作業を進めることや、新年の誓いを守り通すことはあまり苦になりません。

ほぼどんなときでも他者からの期待に応えようとし、内なる期待に応えることについても同じように大切に思っています。

このように、外からの期待と内なる期待のどちらにも進んで応えようとすることから、アップホルダーには**予定やルーティンを好む人が多い**と言えます。

朝目覚めたらまず、「今日の予定表ややることリストには何があったかな？」と考え、自分に期待がかけられていることを喜び、ミスをしたり、誰か（自分を含む）の期待を裏切ったりすることを良しとしない。それがアップホルダーです。

ほかの3つの傾向の持ち主に比べて、アップホルダーはスムーズに決断し、その決断に従って行動します。習慣をつくることも4つの傾向の中でいちばん得意です。

私は自分自身がアップホルダーですから、その傾向についてはとりわけ深く理解できているつもりです。そういうわけで、アップホルダーの話から始めたいと思います。

かつての私は、世の中は自分と同じような人がほとんどだと思い込んでいました。だから、自分と同じように行動したり考えたりしない人に出会うたびに驚き、ときには不満に感じることもありました。ところが、4つの傾向というフレームワークにたどり着き、自分はアップホルダーで、世の中に自分と同じ傾向を持つ人は少ないと自覚してからは、さまざまなことがすっきりしました。アップホルダーは、珍しい極端な性格だったというわけです（ちなみにこの事実に驚いたのは、なぜか私だけでした）。

自分がアップホルダーだとわかったことで、長年の疑問が解けました。

私は過去の著作『人生は「幸せ計画」でうまくいく！』（花塚恵訳、サンマーク出版）や『ハピアー・アット・ホーム』を通じて、自分がより幸せに、より健康的に、より生産的になるために守っている誓いや習慣を紹介しました。それが世に出ると、「いったい、どうやってそのすべてを守っているのですか？　毎日ブログを書き、ご主人と正しくケンカをし、ジムに通っているのですよね？」と尋ねてくる人の多さに衝撃を受けたものです。

私はとまどいながらも「そのほうが幸せになると思ったので、だから……あの……やっているんです……」と、精一杯答えるのですが、「でもどうやって？」とさらに食い下がられるのです。このときは、なぜこの質問の答えを執拗に求められるのか私には理解できませんでした。

でも今は理解できます。**アップホルダーにとっては、何かを心に決めてそれを実践することは難しくありません。**けれど、ほかの多くの人にとっては、それほど単純な話ではないということだったのです。

1 誰に言われなくてもやる気を出せる

個人的な経験から（つまり、私の偏見によるところでもあるのですが）、アップホルダーにはすばらしい点がたくさんあると言えます。何といっても、アップホルダーは頼りになります。自分で自分を頼りにすることだってできます。

進んで外からの期待に応えようとすることが、この傾向の特徴です。自発的に行動するので、締切に間に合わない、約束の時間に現れない、約束を守らない、タスクを管理できない、といったことはほとんどありません。**監視の目、リマインド、ペナルティがなくても堅実にものごとを進めていくことができるのです。**

また、ルールをとても気にします。たとえば、私はたまたま通りがかっただけでも、ルールの類い（プールサイドやオフィスの休憩室に貼ってあるようなもの）を見かけたら、きちんと読んでそのとおりにせずにはいられません。

その証拠に、アップホルダーには決められた格好をすることに抵抗がないとかレシピを正確に再現したがるとか、指示があれば忠実に従うという人が多いです。

そして、外からの期待だけでなく、内なる期待にも進んで応えようとします。アップホルダーが何かをすると決めたら、必ず実行します。周囲に決意を知られていてもいなくても関係なく、ときには、周囲に迷惑をかけてでも実行するのです。

こうしたことから、私はアップホルダーの自分を信頼できます。人生で出会った誰よりも、頼りにできるのは自分です。何かをすると心に決めたら、私はほぼ必ず実行します。外からの助けがなくても自分ひとりで実行できます。

かつて、私は法律家を目指していました。そして司法試験を受けることになると、その準備のため、司法試験予備校のバーブリが出しているカセットテープ教材シリーズを購入して何時間もそれを聴き、自宅のキッチンでノートをとって勉強しました。友人たちはバーブリの通学講座に申し込んで勉強時間を予定に組み込んでいましたが、私はそんなことをしなくても自分ひとりで勉強できたのです。

アップホルダーは、外からの期待にも内なる期待にも応えたいと思っています。その欲求があるおかげで、アップホルダーは自立心が強く、頼りになります。おまけに自制心も強い。やると口にしたことは、必ず実行します。
ときには、アップホルダーでない人たちが、アップホルダーのそうした責任感の強さに便乗することもあります。次のようなコメントが届きました。

私がダイエットや運動療法など何か新しいことを始めると、一緒にやりたいと言う人が集まってきます。それがずっと不思議だったのですが、ようやく気づきました。彼らは私の協力を求めているのです。「自転車に乗るときは電話して。公園で落ち合うから」と頼まれるのは、私と一緒にするという約束がないと自転車に乗らないから。要は私の意志の強さに便乗していたのです。

私個人としては、ほかの人が期待に応える手助けをして満足感を得ている一方で、私の力に頼らないでほしいなと思うことがよくあります。
アップホルダーにとっては、外からの期待、内なる期待のどちらに応えることも、「仕方なくやること」にはなりません。むしろ、**創造性を発揮できる自由な時間に感じます。**それは、こうと決めたら実行に移せるアップホルダーならではの考え方なのでしょう。

たとえば、「夏のあいだに短編を書く」あるいは「甘いものを断つ」と決めたら、私は必ず実行できます（どちらも本当に実行しました）。誰も見ていなくても、決めたことは必ず行うと自分で自分を信頼できるおかげで、自由という感覚、自分をコントロールできるという感覚、そして自分に対する可能性を実感できるのです。

だからといって、期待に応えることにいっさい苦労がないというわけではありません。苦労はあります。私の場合は、ジムに通う、電話をかける、外に出かける用事をすますといった習慣の維持に苦労しています。先延ばしにすることもあれば、ヘマをすることもあります。とはいえほとんどの場合において、**アップホルダーは4つの傾向の中でもっともすんなりと期待に応えられる傾向だということは確かです。**

外からの期待や内なる期待に進んで応えることに加えて、**アップホルダーには倫理やモラルという名の「ルールの向こうにあるルール」を探し求めようとするところがあります。**

世界一有名なアップホルダーといえば、ハーマイオニー・グレンジャーではないでしょうか。ハーマイオニーは、J・K・ローリングの『ハリー・ポッター』シリーズの主要キャラクターのひとりです。宿題の提出が遅れることはいっさいなく、ハリーとロンに魔法界の決まりごとをつねに諭し、ルールを破る人が現れれば心穏やかではいられない。しかし、理不尽だと思えば、伝統という名の期待に対して反対運動を起こす。彼女は、ルールの向こうにあるルールを見ているのです。

それが見えていれば、他者と意見が違っても、全面的に非難されてもめげません。だから彼女は、屋敷しもべ妖精の待遇改善を求めて活動を行い、学校を辞めて魔法大臣と敵対してでも、闇の魔法使いヴォルデモート卿と戦うのです。

社会のルールや法律を率先して守りながらも、彼女自身の正義と衝突すれば、途端にそのルールを拒絶することができるのです（私が『ハリー・ポッター』シリーズを愛してやまないのは、アップホルダーがすばらしい形でアップホルダーらしさを発揮しているシーンを読むのが楽しみだから。自分と同じ傾向の持ち主の描写にとりわけ引かれるのは、私だけでしょうか？）。

アップホルダーは外からの期待にも内なる期待にも難なく応えることができるので、期待に対する不満や燃え尽きを味わうことはめったにありません。また、誰かにやる気を鼓舞してもらう必要も、見張っていてもらう必要もありません。

その自制心の強さから、周囲からは堅物に思われることもありますが、アップホルダー本人は、そういう部分に自由や効率性、自立性を感じているのです。

2 何ごとも簡単には変えられない

アップホルダーに限ったことではありませんが、傾向の強みは弱みにもなりえます。よって、正義のために戦う怖いもの知らずの活動家になることもあれば、頑《かたく》なに法律を押しつける融通のきかない裁判官、小さな違反を先生に逐一報告する言いつけ魔、期限に1時間遅れた報告書を受け取らない上司になることもあるのです。

アップホルダーは、期待に応えようとするあまり、**無視したほうが理にかなっているというときであってもルールに縛られることがあります。**私は男女共用トイレを使うこと自体には抵抗はありませんが、もしそこに「MEN」と書いてあれば、たとえ個室になっていても使えません。

アップホルダーの友人はこんなことを言っていました。「産気づいて夫の車で病院に向かっているときでも、スピードを出しすぎないでと釘《くぎ》を刺したし、ちゃんと駐車場に停めるようにも言った。車を停めて20分もしないうちに出産だっていうのにね」

アップホルダーは、期待を拒む人、自分で自分に期待を課そうとしない人、期待に疑問を差し挟む人を見ると、じれったい気持ちになり、ときには軽蔑すら覚えます。

同僚にアップホルダーがいる人から次のようなコメントが届きました。その人が「誰かに対する責任のようなものがないと、ビタミン剤を定期的に飲めない」と同僚に話したところ、同僚から「大人になれ」と言われたそうです。これぞアップホルダーといった発言です。

私は、自分以外の人にも、単に期待に応えるだけでなく、期待に応えたいと思うようになってほしいと思うことがあります。

やることリストを消していく、自分で課した締切に間に合わせる、指示に従う、といったことが私は大好きなのですが、そういうふうに感じない人がいることが、長年ずっと不思議でした。でも今は、私がそう思うのは、自分が相手を動かすために口うるさく言いたくないがために、その人の傾向にまで注文をつけているのと同じだと自覚しています。

アップホルダーは、たとえささいなことであっても、不正の類いを見つければ、受け入れられずに心穏やかでいられなくなることがあります。

私は、会議中に誰かからひそひそ話をされると、途端に落ち着かない気持ちになります。それと同時に、この気質のせいで、私の不作法な部分が顔を出すのです。無愛想にも偉そうにもするつもりはないのに、話に置いていかれるのではないか、指示がわからなくなるのではないかと心配になるあまり、失礼な態度をとってしまうのです。

また、アップホルダーは、人に何かを任せるのが苦手なところもあります。それは、任せたことがちゃんとやり遂げられるか不安だからです。

妻がアップホルダーの男性から次のようなコメントが届きました。「日曜日になると、妻はその週にすることを曜日別にカードに書いて、見事にすべてやり遂げます。子ども、孫、両親、妹の世話などさまざまなことをこなしているのですが、そんな彼女の口癖は、『私の家族はどうして、自分のことすら満足にできないのかしら？』です」

その一方で（意外に思われるかもしれませんが）、誰かに期待をかける役割は、たとえ頼まれても拒もうとします。アップホルダーは外からの期待をあまり必要としないため、その役割を頼まれてもピンとこないのです。それに、自分が外からの期待をプレッシャーに感じることから、人にプレッシャーを与える立場になりたくないという思いもあります。

私も人を急き立てるのは苦手で、自分の子どもに対してもためらってしまいます。ベッドを整えなさい、食事のマナーはきちんと守りなさい、もっと本を読みなさい、と娘たちに注意すべきだとわかっていても、注意したあとに注意したことが確実にできているかどうか確認し、また注意すると思うと、どうしてもできないのです。

また、**ルーティンや習慣、予定が変わることに抵抗があります**。私が夫のジェイミーとボストンでの結婚式に出席したときのことですが、招待状には「教会行きのバスは午後6時にホテルを出発します」と書かれていたにもかかわらず、式当日の朝食の席で、花嫁の母親から「実際には5時45分に出発します」と変更を告げられました。

「でも、招待状には6時とありましたが」と私は言いました。

「ええ、でも、5時45分に出発することになったんです。交通事情の関係で」

夫とその場を歩き去りながら、私は彼にこう言いました。「変わるってどういうこと？ 招待状には6時と書いてあったのに！」（夫は、私ほどこの変更に困惑していませんでした）。

ほかの傾向の人からすれば、アップホルダーの言動は極端に思えるかもしれません。

知り合いの男性は、やることリストを記したカード専用の財布を持ち歩いているそうです。緑のカードはその日にやること、ピンクはその週にやること、黄色は緑とピンクに含まれていない仕事関連の項目、白はプライベートの用事です。「このシステムを知られると、少々病的だと思われる」と彼は言っていました（カードを使いたがるのも、アップホルダー気質の表れのひとつでしょう）。

アップホルダーの期待に対する姿勢は、ほかの傾向の人には非情で融通がきかないものに思えるかもしれません。読者から届いたコメントを紹介します。

最初に生まれた期待に応えようとするあまりに頑なな態度をとるアップホルダーの人をたくさん見てきました。理にかなった提案がなされても、すぐには受け入れようとしません。たとえば、「各自が車で○時に家を出ると決めたのだから、誰かを迎えに行くことはできない」というようなことを彼らはよく口にします。

仕事を抱えながら子育てしている友人がたくさんいますが、臨機応変にアイデアを出して子どもの送り迎えの予定をうまく調整するのは決まって別の傾向の人で、アップホルダーはいつも「事前にすべて計画してあるのだから、土壇場で変えることは何ものにも許されない」という空気を醸し出しています。信頼できて期待どおりの行動をとるのは確かですが、もう少し柔軟になってくれたらと思う場面が多々あります。

本当にそのとおりだと思います。私たちアップホルダーは、**土壇場での変更をなかなか容認できない**のです。

私はアップホルダーという傾向を気に入っていますが、この傾向の負の側面も把握しています。私は、自分がやりたくないことでも、無理やりそれを自分にやらせることがとても上手です。うますぎてそれがときどき嫌になることもあります。「そうすべき」だと思ってしまうと、あまり疑問を持たずに時間とエネルギーを費やさずにはいられないのです。

3 ラクをするとかえって落ち込む

外からの期待にも内なる期待にも応えるという点で、アップホルダーは4つの傾向の中で期待の重圧にいちばん苛《さいな》まれているのではないかと思われるかもしれません。けれど、それは違います。あとで説明しますが、いちばん重圧を感じるのはオブライジャー（義務を果たす人）です。外からの期待に応えようとするのはどちらも同じですが、アップホルダーは内なる期待にも進んで応えようとするため、憤りや燃え尽きといった問題に悩まされることがほとんどないのです。

意外に思うかもしれませんが、**アップホルダーは自分を大事にすることや、自分を楽しませることを得意とする人が多いです。**たとえば、フェイスブックに投稿された近況についての調査では、誠実度（計画を立てそのとおりに実行する力）が高いと評価された人は、「週末」や「リラックス中」といった言葉を頻繁に使い、休息をとっているときや休暇を楽しんでいる様子についてもたくさん投稿することが明らかになりました。(注2)

なぜそうなるかというと、持ち前のアップホルダー気質をプライベートを楽しむ時間にも活用するからです。「充実したオフ」もまた、アップホルダーのやることリストに含まれるというわけです。

ポッドキャストのリスナーから、次のようなコメントが届きました。

「妻は今年、卒業論文の作成に時間を捧げていました。毎朝5時に起きて書きはじめ、夕方4時にはジムへ行く準備をして書くのをやめる。恐ろしいほど何のドラマもない毎日でした。とはいえ楽しみを見いだすことにも興味津々ですから、妻はアップホルダーという傾向のおかげで、前に進むことに非常に積極的だと言えるのではないでしょうか」

アップホルダーは、内なる期待や自分を守るためなら、外からの期待を平気で無視できます。

私が友人宅に食事に招かれたとき、ある時間になると、その友人が立ち上がって「それじゃあお開きにしよう。僕はもう寝ないといけないから」と言いました。

エレベーターの中で、一緒に招かれていた友人は「まさか追い出されるとは思わなかった。ちょっと失礼じゃない?」という感想を口にしました。確かにそうかもしれませんが、同じ傾向の私には、彼の行動はごく当たり前のことに思えました。

アップホルダーは、自制とパフォーマンスを高レベルで維持したがります。それもあって、良い習慣を続けることに充実感を覚えるのです。

また、自己管理に価値をおくため、睡眠や運動、楽しみの時間を十分にとれているか、車にガソリンは入っているか、といったことをひどく気にします。私が実施を依頼したサンプル調査でも、アップホルダーはほかの傾向に比べて「気にかける人がいなくても、自分ひとりで習慣を維持できる」と答える人が圧倒的に多い結果となりました。

日常生活の中で、「自分に厳しくしすぎるな」「あまり頑なになるな」「そんなルールを気にしている人は誰もいない」といった意見をよく耳にしますが、アップホルダーは、外からの期待や内なる期待に応えることに大きな満足感を覚えます。この感覚は、ほかの傾向の人には理解し難いようです。ある友人とこんな会話を繰り広げたことがあります。

「私の場合はね、自分を律することで自由が生まれるの」と私はその友人に説明しました。するど彼女は、「でも、律するってことは制限を設けるってことでしょ。そんなことを進んでやりたがる人なんている？」と尋ね返したのです。

「制限を設けることで、自由を与えているのよ」

彼女は首を振りました。「そんなのおかしい。自由は制限がないという意味だもの。私は、私のやりたいことをやりたい」

私と友人は顔を見合わせて笑い出しました。どちらも相手の意見に与するつもりがないのは明白だったからです。

この話とよく似ていますが、アップホルダー以外の傾向の持ち主が自分にご褒美を与えたいときは、期待に応えたことをご褒美の言い訳にすることが多いでしょう。「今日は大変な一日だったから、クロスフィットは休もう」という具合にです。しかしアップホルダーの場合は、**そうやって自分にラクをさせるとかえって気分が落ち込む**のです。

アップホルダーが自己管理に重きをおくことは、サンプル調査で表れた興味深い結果にも関係していると思われます。4つの傾向のうち、「何かに依存して苦労したことがある」という設問に同意したアップホルダーの割合が、24パーセントともっとも低かったのです。ほかの3つの傾向ではほぼ同じ割合だったので（34パーセント、32パーセント、32パーセント）、この傾向には自分を大切にしようとする性質も備わっているようです。

期待に応えることに対するアップホルダーの姿勢はむしろ、「冷たい」という印象を周囲に与えてしまうことがあります。

アップホルダーには容赦ない一面があり、ときには、周囲に迷惑をかけたり、和を乱すことになってでも、やらないといけないと思ったことはやり遂げようとするのです。

私は妹のエリザベスとふたりで、ポッドキャスト「ハピアー・ウィズ・グレッチェン・ルービン」を毎週配信しています。

その第35、36、37、38回を通じて、4つの傾向について取り上げました。アップホルダーに焦点を当てた回では、エリザベスが次のように切り出しました。「あなたの妹として生まれてからずっと、私は姉さんの強みと弱みの両方を見てきた」

そして、数年前に私とエリザベスの家族で一緒に休暇を過ごしたときのことを話しました。出発直前になって、夫のジェイミーと長女のイライザが行けなくなったため、私は次女のエレノアとふたりでニューヨークを出発し、ロサンゼルスにあるエリザベスの自宅にほど近いところで、エリザベス、彼女の夫アダム、息子のジャックと落ち合いました。

「ロサンゼルスは西海岸時間なのに、姉さんたら、姉さんとエレノアは東海岸時間のまま過ごすと言い出した。そして毎晩、午後4時30分ごろに夕食をとり、7時30分にベッドに入ったから、午後7時から深夜まで、私たち家族とは別行動だった。

私からすれば、せっかくの休暇を楽しめているようにも、リラックスできているようにも思えないのだけど」

エリザベスの言いたいことはよくわかりますが、時差に合わせていつもより遅くまで起きて夕食をとり、休暇が終わったらまたニューヨーク時間に生活のリズムを戻す苦労を思うと、休暇中だけ西海岸時間に合わせることに価値があるとは思えなかったのです。

このエピソードが配信されると、私のとった行動を快く思わないリスナーから興味深い意見が届きました。彼女曰く、私のとった行動は、休暇に対する私の楽しみを半減させるというより、ほかの人の楽しみを半減させるものだと言うのです。

あなたは東海岸時間で過ごしても何の問題もないと思ったかもしれません。ですが、自分の生活のリズムを守ろうとすれば、まわりの人の休暇が台無しになるのではないですか。あなたにはその認識が欠けていたように思います。妹さん一家は、あなたと娘さんと一緒に過ごすための時間を割いてくれました。にもかかわらず、あなたはその人たちとの時間より、あなた自身の生活のリズムを優先させたのですから。

私はこのリスナーに次のように返信しました。

妹一家が私と娘のために時間を割いてくれたというのは、まさにおっしゃるとおりです！　ただ、妹一家と過ごすための時間を割いたのは、私と娘も同じです。

実際、私と娘がニューヨークからロサンゼルスという、決して短くない距離を移動したおかげで、妹一家は車ですぐの距離の移動ですみました。それを思えば、私と娘が東海岸時間のまま2日間を過ごすことを、妹一家に受け入れてもらうのは妥当なことではないですか？　朝食と夕食を自分たちの時間で別に食べてもいいのでは？

誰が正しいという話ではなく、人によってものの見方はそれぞれ違うだけのことだと私は考えています。

少々冷淡に聞こえるかもしれませんが、アップホルダーである私はつねづね、私が自分のことを大事にするように、私のまわりにいる人たちも彼ら自身のことを大事にすればいいと思っています。そうなれば、彼らの心の平穏や都合を私が心配する必要がなくなるからです。

このような考えを持つアップホルダーの人は私だけではないようで、ある女性からもらったコメントにはこのようなことが書かれていました。

「アップホルダーである私の恋人は、私が愛情に飢えていると感じることがあるようです。私は自分が幸せになることよりも、彼が幸せを感じることを彼が口にするのを待って、それを実行しようとします。自分の幸せを優先してくれる人には感謝するものだと思うのですが、彼は、私には私のことをいちばんに優先してほしいと言うのです」

これを読んだとき、私はこの男性の考え方に完璧に共感できました。

アップホルダーは、ルーティンや習慣を守ることに大きな充実感を覚えますが、傍から見ていると、そうした姿勢は場を白けさせるものに思えることもあるようです。

エンターテインメント業界やアートの世界にいるアップホルダーは、自らの傾向を隠す努力をしているのではないかと私は思います。実際の自分よりも破天荒で快楽を求める自分を演出しているのではないか。この傾向は、決して華やかでも尖ってもおらず、ましてや周囲を引きつけるものでもありません。感動的なエピソードや耳目を集めるキャッチコピーは、この傾向から生まれるものではないのです。

歌手のテイラー・スウィフトは、爆発的にヒットした「シェイク・イット・オフ」で夜更かししてたくさんの男性とデートする様子を歌っていますが、彼女が実際に夜更かししてそのようなことをしているかというと、私はそうは思いません。テイラー・スウィフトはきっと、アップホルダーに違いありませんから。

4 意味のないルールに縛られがち

アップホルダーには強い自制心がありますが、そのせいで自分を「縛る」ことになるときがあります。

アップホルダー以外の傾向の人が期待に応えようとするときは、最初は勢いよく取り組んで、しだいに力を抜くものです。抜け穴や例外を探し、だんだん誠実さが失われていくのがふつうでしょう。私もそうなることはありますが、反対に、**時間がたつにつれて自分を「縛る」ようになることもあります。**例外をつくる、休む、力を抜く、といったことをつらいと感じるからです。これは良いことでもあり、悪いことでもあります。

友人がひどい筋肉痛に悩んでいたとき、私は彼女に私が通っている筋力トレーニングのジムに通うよう説得しました。その友人はすでに別のジムに通っていたのですが、私の薦めるジムのプログラムが彼女のためになるかもしれないと思ったからです。そうして彼女は通うようになり、筋肉痛はなくなりました。ほどなくして、彼女は私が紹介したジムに通うのをやめたいと言い出しました。通うのに不便だし、元々通っているジムがあるからというのが理由でした。けれど、やめたいと言いながらも、彼女には一向にやめる気配はありません。

彼女はアップホルダーであるがゆえに、新たなジムに通うことから自分を解放できなかったのです。ほかのアップホルダーの友人も、自虐的にこんなことを言っていました。「フィットビット（活動量計）の歩数を毎日増やしたくて、ベッドの脇で足踏みするようになった。目標の数値をどうしても達成したくて」。まさに自分を「縛る」典型です。

自分を縛る形はいろいろあります。たとえば、仕事で自分を縛ることになったアップホルダーもいるでしょう。「仕事がひどく忙しかったときに、毎朝7時に出社するようになった（会社の始業時間は午前9時）。もう仕事は落ち着いたけど、今でも同じ時間に出社している。自分が好きでやっているとはいえ、柔軟性があったらなあとも思う。夫と朝食を一緒にとりたい朝くらい、遅く行ってもいいやと思えるようになりたい」

では、自分を縛るというこの厄介な性質にはどのように対処すればいいのでしょうか？

それは、過去に似たような状況に陥ったときのことを覚えておき、そのときと同じような期待が現れたら、**応えるに値するものかどうかを慎重に検討する**のです。また、「**縛れば縛るほど、ある時点からパフォーマンスや自己管理能力が低下する**」と自分に言い聞かせてもいいでしょう。それから、どんなときも**内なる期待を明確に意識する**ことも大切です。

私の大好きな作家のひとりで、18世紀に批評家や文献学者として活躍したサミュエル・ジョンソンは次のような言葉を残しています。

「善を増やすことにも悪を妨げることにもつながらないなら、どんな厳しさも怠惰である」

アップホルダーは、この言葉を肝に銘じるべきでしょう。

5 「内なる期待」がいちばん重要

アップホルダーは、内なる期待に応えるためなら外からの期待をすっぱり拒絶できますが、だからといって、いつでも内なる期待を明確に認識しているとは限りません。

自分の内にある期待に応えるには、それが何かを具体的にしておく必要があります。そのためには、自分のやりたいことや自分が価値をおいていることは何か。これらを明確にすることが絶対に不可欠です。

このことの大切さは、私が身をもって知っています。大学を卒業後、私はキャリアをどうするか迷っていました。そして、自分にはロースクールが合っているのではないかと考えました。修了後に就ける職の選択肢が多いので、入ってからいつでもキャリアの選択を変更できると思えたからです。そうして私はイェール大学のロースクールに入学しました。

ロースクールは、アップホルダーの私にとってとても魅力的な学校でした。出願の仕方や入学してから優秀な成績を収めるためにすべきことが、非常に明快だからです。ロースクールでは、ルールを理解し、それらに従って行動することが成功の肝となります。学校で発生する外からの期待に対し、私はうまく対応できました。ロー・レビュー（ロースクールが発行する法学雑誌）の編集長を引き受け、執筆した記事で賞を勝ち取ったこともありました。

スクール修了後は、サンドラ・デイ・オコーナー判事の書記官になりましたが、書記官を務めているときに、本当になりたいのは作家だと生まれて初めて自覚したのです。

この内なる期待が現れた途端、私はためらうことなく法律家のキャリアを捨て、ゼロから作家の道を歩みはじめました。締切も責任も何もない状態で、ものを書きはじめたのです。

この話をすると、「でも、どうしてそんなことができたの？」とよく尋ねられます。「企画書の作成に本の執筆、エージェント探しをひとりでやったんでしょ？　どうやって自分を管理していたの?」と。

私の場合は、内なる期待がはっきり聞こえてしまえば、それを成し遂げるための行動は苦になりませんでした。**ただし、その声が聞こえるようになるまでは、本当に長かった**と言わざるをえません。

アップホルダーまとめ

強みと思われる性質

自発的にものごとに取りかかる
自分でやる気を高める
誠実
信用できる
丁寧
計画や予定を順守する
自分に対する期待を把握し、積極的に応えようとする

弱みとなりうる性質

自分を守ろうとする
厳格
計画や予定の変更に対応できないことが多い
冗談が通じず融通がきかないという印象を持たれやすい
ルールが曖昧だったり定められていなかったりすると、落ち着かない
締切や監視の目の設定、相談や催促を他者から求められるとイライラする
要求が厳しい
存在すらしないルールに従わずにいられないことがある

3章

アップホルダーの「邪魔」だけはするな

6 優先順位をはっきり示そう

アップホルダー（約束を守る人）は、職場では優秀な社員となりえます。自発的に仕事に取りかかるし、業績を上げることにも積極的です。**監視の目は必要なく、自らの限界もちゃんと把握しています。**

アップホルダーのように約束したことをすべて実行する人がいると、職場が活気づくでしょう。やると言えば必ず実行する人がいれば、ほかの人も仕事がしやすくなります。

部下がアップホルダーなら、「時間ができたら、この件について調べてわかったことを報告してくれないか？」と伝えるだけで、6週間後には完璧な報告書があがってきます。

また、期待の設定がはっきりしていて、自分で自分を厳しく律することから、優秀な上司にもなりえます。相手の立場に応じて期待することを明確にするほか、ルールや計画を公正に採用し、結果を見据えたうえで長い工程を歩むこともできます。

アップホルダーの上司なら、目標、やり方、締切を突然変えることはまずありません。

また、モチベーションを自分ひとりで保てることから、起業家や個人事業主、副業を持つ働き方も向いているでしょう。アップホルダーは、する必要のあることを特定し、それらを実行することができます。クライアント、顧客、上司からの指示がなくても、自ら考えて動くのです。サンプル調査にも、収入が高くなるにつれてアップホルダーの割合が増える（そしてレブルの割合は減る）という興味深い結果が表れていました。

しかし、アップホルダーには、**期待にうまく応えられない人に対して腹を立てるところがあります。**部下から締切が変更された理由を尋ねられても、「本部から新たな締切の通達がきたのだから、そうする理由があるはずだ。文句を言うのをやめて仕事に取りかかってくれ」と言っておしまいにしてしまうでしょう。

または、部下から何らかの義務（例：提出期限を設ける、休暇をとる日を強制的に決める）の設定を求められても、その必要性が理解できずに拒むかもしれません。そして、同じ職場にルールに反発する人がいれば、互いに苦労を強いられることになります。

期待に応えられなかった人に腹を立てることについて、あるアップホルダーの人は次のように語っています。

私はアップホルダーで、忙しい専門病院の医師です。同じ病院のスタッフは私とは違う傾向の持ち主ばかりで、あまり現実的ではないようなことをルールとして設定したがるのですが、アップホルダーの私は、誰かがルールを曲げたり破ったりすることに大きなストレスを感じます。

そもそも、そのルールを守っているのは私だけということが多く、おまけに全員の承認を得たはずのルールを先輩医師が守っているかどうかを取り締まるという厄介な立場に置かれています。ですから、ルールは決めず、ケースバイケースで個々に判断して行動することを提案するつもりです。

アップホルダーは、**人に任せることが苦手**です。他者に任せると、失敗したり、いいかげんな仕事をされたりするかもしれないと考えるからです。

しかし、その一方で、ときにはルーティンや計画にとらわれすぎて、ナンセンスなルールまでも頑なに守ろうとしたり、行動を変えるべきタイミングを見過ごしたりしてしまうのです。応える必要のない期待を無視できなかったり、休息をとり損ねたりすることもあります。

急な変更への対処は苦手なので、新たな業務の発生や業務内容の変更などをアップホルダーに認めてもらいたい場合は、**十分に時間的余裕を持って伝えることを心がけたほうがいいでしょう。**

アップホルダーを部下に持つ人は、次のことを覚えておいてください。アップホルダーは期待に応え損ねることを嫌うため、**優先順位をうまくつけられない**ことがあります。**彼らは**

どの期待も重要に感じてしまうので、優先順位をはっきり指示したほうがいいでしょう。

たとえば、「いつもなら金曜日に週次報告書をあげてもらっているが、年次報告書の締切が近いから、そちらが終わるまで週次報告書はやらなくていい。年次報告書を優先してくれ」という具合にです。

また、どんな期待にも応えようとする性質から、自分の責務があと回しになると思えば、他者に手を貸すことをためらうかもしれません。

間違いを犯したときや、約束を破ることになったとき、アップホルダーはひどく動揺します。度を越すほど落ち込むこともあります。

大手新聞社で編集をやっている友人は、「私が書いた記事に間違いがあると本当に我慢できない。ほかの人たちは受け流しているようだけど、私はひどく落ち込む」と言っていました。彼女のようなタイプの人にとって、「大したことない」や「気づく人なんかいない」といった言葉は、「全力を尽くしたのだから、それで十分だ」という言葉以上に無意味なのです。

アップホルダーはとにかく失敗を嫌うので、失敗を指摘されれば、身構えたり敵意を露わにしたりしかねません。

また、期待に応えたいという思いが強いので、応えられないかもしれないという不安があるときに、チャンスをみすみす逃してしまうこともあります。こうした姿勢は、上手に線引きをするという意味では役に立ちますが、「うまくできないかもしれない」という不安からチャレンジすることを避けるようでは、成長できません。

7 安易に期待の言葉をかけない

アップホルダーに限った話ではないのですが、自分の意思で傾向を出したり隠したりできる人はいません。アップホルダーの人と結婚すれば、さまざまな面で良いことがあるものの、彼らには、休暇中に仕事をしたがる、週末の来客中でもバイオリンを練習したがる、といった困った面もあります。

人の傾向を把握すると、その人のものの見方がわかります。

そのおかげで、アップホルダーの友人は夫とケンカにならずにすんだそうです。

「両親のところへ電車で行くことになったの。その前日が息子の誕生日で、12歳になるから、もう小児料金の75セントではなく正規料金の8ドル50セントを支払わなくちゃいけない。でも私は、この料金をきちんと支払わなかったら、その週末が台無しになると思ったわ」

「わかる」と、私はうなずきました。

「でもね、夫は私が律儀すぎると思ったみたいで、『鉄道会社が勝手に決めたことなんだし、対象年齢を1日すぎているだけだから、小児料金で問題ない』って言ったのよ」

「それはクエスチョナーのものの見方ね」と、私は納得しました。「レブルならきっと、『メトロノース鉄道に金なんて払うものか』と言うんじゃないかしら」

このように、傾向を把握すれば、相手の態度を容認できる寛容さが生まれるのです。

アップホルダーには、**予定の変更や自然の流れに任せることを嫌う**ところがあります。私の夫は、私の質問に答えたがらないのですが、これには彼のクエスチョナー気質が関係していて、アップホルダーである妻の私に特定の期待を持たせたくないという意図があるように思います。

たとえば、パーティのために家を午後7時に出ると私に伝えておきながら、直前になって7時15分に出ることになれば、私はその変更を拒む可能性が高い。つまり、直前まで私に何も言わなければ、余計な衝突を避けられるのです。

アップホルダーは、**意味のないことでも期待に応えたいとの重圧があれば、やらずにはいられません。**そうした態度にパートナーが苛立ちを覚えることもあるでしょう。

アップホルダーと揉めずに彼らを納得させたいなら、アップホルダーが何を重視しているのかをしっかりと理解しておくといいと思います。そうすれば「関係者以外立ち入り禁止」

の看板を前にしたときには「私たちは関係者に含まれるから中に入りましょう」と言えますし、申請書類の提出期限がすぎていたときには、「提出期限は6月1日になっているけれど、この書類はこちらにお金を払わせるためのものだし、実際に支払いが発生するのは9月だから、6月15日に送っても大丈夫だよ」という言い方ができるようになります。

アップホルダーをパートナーに持つ人は、**「期待」ととられかねないことを口にしないよう気をつけたほうがいいです。**そうでないと、たとえ本人のためにならないことでも彼らは行動に移してしまうかもしれないからです。

「町内会長をやるべきだ」とか「教会委員会の委員長に適任ではないか」とか「会社の組織体系を見直したほうがいい」などと軽い思いつきで告げたことでも、アップホルダーは応えるべき期待と受け止めかねません。

彼らが間違ってそう受け止めてしまったときは、「それをする必要はない」「君にとって本当に重要なことなのか？」「最善を尽くしても間違いは起こるものだ」といった言葉をかけて、彼ら自身の内なる期待を思い出させるといいでしょう。

また、アップホルダーは、積極的に期待に応えようとしない態度をパートナーにとられると、腹を立てることがあります。

そんなときは、**どうすれば期待に応えられるかを彼らに明確に伝えてください。**たとえば、クエスチョナー（疑問を持つ人）なら理由がいるでしょうし、オブライジャー（義務を果たす人）なら何らかの責任が必要です。レブル（抵抗する人）なら選択や自由を与えてほしいと伝えるといいでしょう。

8 大切にしていることを思い出させる

自分の子どもがアップホルダーだった場合、子育てで手を焼くということはほとんどないでしょう。子どものほうから、親が自分にかけている期待を知りたがり、それに応えようと自発的に行動を起こすからです。

宿題をやりなさいと追い立てる、魚の餌《えさ》やりを忘れないようにと念を押す、といったことを親はあまりしなくていいはずです。うるさく言われなくても自分からピアノを練習し、サッカーの練習に持っていくものを事前に用意し、学校の課題も遅れることなくこなします。

このように、アップホルダー傾向は親にとってありがたい反面、ときには悩まされることもあります。たまにはリラックスしてほしい、期待をやり過ごしてほしいと思っても、そうはいかないからです。

アップホルダーは、教師から「家で毎日30分本を読みなさい」と言われれば、本を読まずにベッドに入ることはとてもできません。学校に5分遅れた場合には大騒ぎになるでしょう。

どの傾向にも言えることですが、相手を諭すには、**その傾向の持ち主が価値をおくことを持ち出す**とうまくいきやすいものです。だから、本を読まずに寝るのは嫌だと子どもが騒いだら、「先生から毎晩30分本を読むようにと言われているけれど、今日はおばあちゃんの家に行ったから、おうちに着いたらすぐベッドに入るんだよ。ぐっすり寝ないと、明日の学校に差し支えるよ。そっちのほうが、本を読むことより大切だからね」や、「先生の言いつけを守れないときがあることは、先生もわかっているよ。自分のせいで読めなくなったわけじゃないから大丈夫」と言い聞かせるといいでしょう。

「たまには休めばいい」や「1日くらい読まなくたって先生にバレないよ」といった言葉や、「先生の言うことは絶対じゃない」「30分の読書なんて、先生が勝手に決めた目標でしかないんだから」といった言い方では、アップホルダーは納得しないのです。

また、急にスケジュールを変更する、時間がきたら最後までできていなくても手をとめる、期待されていることが何かはっきりわからない状況に対処する、といったことも苦手です。

そして、親が自由を何よりも求めるレブルの場合は、アップホルダーの子どもと親の両方に難しいことが起きるでしょう。

アップホルダーの子を持つ親は、期待だととられかねないことや不要なルールをうっかりほのめかしたり提案したりしないよう気をつけてください。

アップホルダーは、期待だと思うとすぐに応えようとして、膨大なエネルギーと時間を費やしてしまいます。**やりたくなくても、自分のためになると思えなくても関係ない**のです。

また、子どもの場合、内なる期待が何か自分でわからないことがあるので、身近にいる大人たちがそれを明らかにする手伝いをしてやるといいでしょう。そうすれば、外からの期待に加えて内なる期待も成し遂げられるようになります。

9 大げさすぎる説明をしない

医師をはじめとする医療従事者にとって、アップホルダーは扱いやすい患者になるでしょう。医師の指示を真摯《しんし》に受け止めるし、薬も処方に従って服用します。リハビリなどの理学療法にも真面目に取り組むに違いありません。

だから、サンプル調査で「医師から生活のある部分を変えることが大切だと説明されたが、まだ変えていない」に「いいえ」と答えた人の割合が70パーセントといちばん高かったのがアップホルダーだとわかったときも、私はちっとも驚きませんでした。けれど、アップホルダーは逆の問題を抱えているかもしれません。医師の指示に正確に従うことばかり気にかけて、疑問を口にできないことがあるのです。

私が20歳のとき、歯科矯正医から軽い口調で「顎《あご》をはずしてはめ直す必要がありますね。今は痛みや症状はないでしょうが、30代で慢性的な痛みが生じはじめますよ」と言われました。

そのときは、何とか疑問をぶつけることができましたが、持てる限りの力を振り絞って質問したと言っても過言ではありません（ちなみに顎は今も何の問題も生じていません）。

このように、アップホルダーは期待に真摯に応えようとするあまり、医師の指示に自分を縛りつけることがあるので、医療関係者は、**指示を守らせようとして大げさなことを言っても意味がない**と覚えておいてください。

ただし、彼らは、かけられている期待が大きすぎると感じれば、自己防衛本能から声をあげるでしょう。ウエイトトレーニングに特化したジムで新しいトレーナーに変わったとき、私はためらうことなくこう告げました。「ウエイトが重すぎます。重くしたいとは言いましたが、これではハードすぎます」

10 「自発性」を生かそう

傾向がキャリアに与える影響は、「アップホルダーは一日中ルールを取り締まっているのだから、金融機関で働くか交通警官になるべきだ」といった単純な話ではありません。傾向のせいでできない仕事はありませんが、各傾向の持ち主の言動を見ていると、傾向によって得意とする状況とそうでない状況があることは否めないでしょう。

アップホルダーには、**自発的に動くことが求められる仕事が向いています。**たとえば、起業家、個人コンサルタント、個人事業主などです。達成すべき目標が定まれば、アップホルダーは監視の目や責任がなくても目標に向かって動き出します。

また、**あまりやりたくないと思うことに自ら取り組む能力も高く、**この力は個人事業主や雑務をこなすアシスタントがいない人には貴重でしょう。

それから、期待に応えることに大きな充実感を抱くので、ルールがはっきりしている状況ではうまく力を発揮します。その一方で、臨機応変に道筋を変えることが重要な環境や、予定やすべきことの変更に素早い対処が求められる環境では苦戦するかもしれません。

実際、アップホルダーから次のようなコメントが届きました。「私はアップホルダーなので、ルールを見つけたり、それを守らせたりすることは得意です。でも、私の職場では柔軟な対応が重宝されていて、それはあまりうまくできません」

期待がはっきりしない職場、ルールが曖昧な分野、ルールを曲げることが当たり前に思われている業界で働くとなると、アップホルダーの心は休まらないだろうと思います。税法について強引で独創的な解釈をする総合弁護士を探しているなら、アップホルダーは雇わないほうがいいでしょう。

私が見たところ、アップホルダーは上達や向上を導く職業に関心を持つことが多いようです。優秀なコーチになるアップホルダーもいれば、私のようにパフォーマンスや自己管理、習慣の改善について本を書いている人もいます。

とはいえ、期待に応えることに対して苦労しないせいか、「なかなか実行できない」人には困惑するばかりで、有益なアドバイスを与えられないことも多いです。

これについてはアップホルダーから次のようなコメントが届きました。

「パーソナルトレーナーをしています。バランスのとれた運動と食事を実践しているところは自分でも良い点だと思っていて、クライアントにぜひとも真似してもらいたいです。でも、クライアントの真剣さが足りないと感じると、ついイライラしてしまうのはあまり良くない点だと自覚しています」

ある食事会でのことです。私はバイオ医薬品大手のCEOの隣に座っていました。そしていつもどおりに4つの傾向の話を始めると、そのCEOはすぐさま理解し、「私はアップホルダーですね」と言いました。「私の知り合いのCEOも、ほとんどがアップホルダーでしょう」

「なぜそう思うのですか?」と私は尋ねました。

「上場企業のCEOとなれば、当たり前にルールに従い、周囲からの膨大な期待に応えなければなりません。また、自分が主導するという意識も必要です。それがないと、自分で舵《かじ》をとることも、ノーと言うこともできませんから」

この会話に、やはりアップホルダーである投資銀行の重役も加わりました。「私もそう思います。オブライジャーが優秀なナンバー2になるのと同じで……」

そこに「私のナンバー2もオブライジャーですよ。彼は本当に優秀だ」と隣のCEOが割って入りました。

「でもCEOの場合は、『ほかの人たちの考えも気にかけているが、結局、私のやりたいことをわかっているのは私だ』と言える人でないと優秀とは呼べない。こういう役割を果たすには多大な自制心が必要になります。内なる期待と外からの期待が一致していないと果たせません。憤りを抱くことや内面での衝突があってはならないのです」と言いました。

私は首をかしげながらこう言いました。

「そうでしょうか。どの傾向の人もすばらしいリーダーになれると思います。それぞれのやり方で」

「確かにクエスチョナーとレブルは、すばらしい創設者やイノベーターになるでしょう」とそのＣＥＯは同調しつつも、さらにこう続けました。「ですが、企業を成熟させることには苦労すると思いますよ。レブルにとって、上場企業のＣＥＯは気にかけないといけないことが多すぎます。服装から役員会での話し方までいちいち品定めされますから」

それを聞いて私は納得しかけたものの、こんな考えが頭をよぎりました。「今の会話は、３人のアップホルダーが集まって、上場企業のＣＥＯに適しているのはアップホルダーしかいないという結論に至っただけの話だ」と。

ほかの傾向の人が集まったときに、はたして私たちと同じような結論に至るかどうかは疑問です。ただし、レブルについては、おそらく自分自身が上場企業のＣＥＯとして成功する可能性は低いに違いないと言うと思いますが。

まとめ

アップホルダーとのつきあい方を知る

アップホルダーは、外からの期待にも内なる期待にも積極的に応えようとする。

アップホルダーは自発的に行動するので、監視の目がなくても、期限に間に合わせたり、プロジェクトに取り組んだり、先陣を切って動いたりできる。

ルーティンを好み、ルーティンが途絶えることになったときや、急な変更が生じたときにうまく対処できないことがある。

失敗やミスを嫌い、指摘されると感情的になったり自衛に走ったりすることがある。

最後までやり切ることを重視する。

何かをやり遂げることに喜びを感じる人や、それによってエネルギッシュになる人ばかりではないと釘を刺すことが必要になるときがある。

自分ほど信頼できないという理由から、人任せにできないところがある。

4章

「疑問を持つ人」はこう動く

〜なぜ？と尋ねるのはより良くしたいから〜

4つの傾向

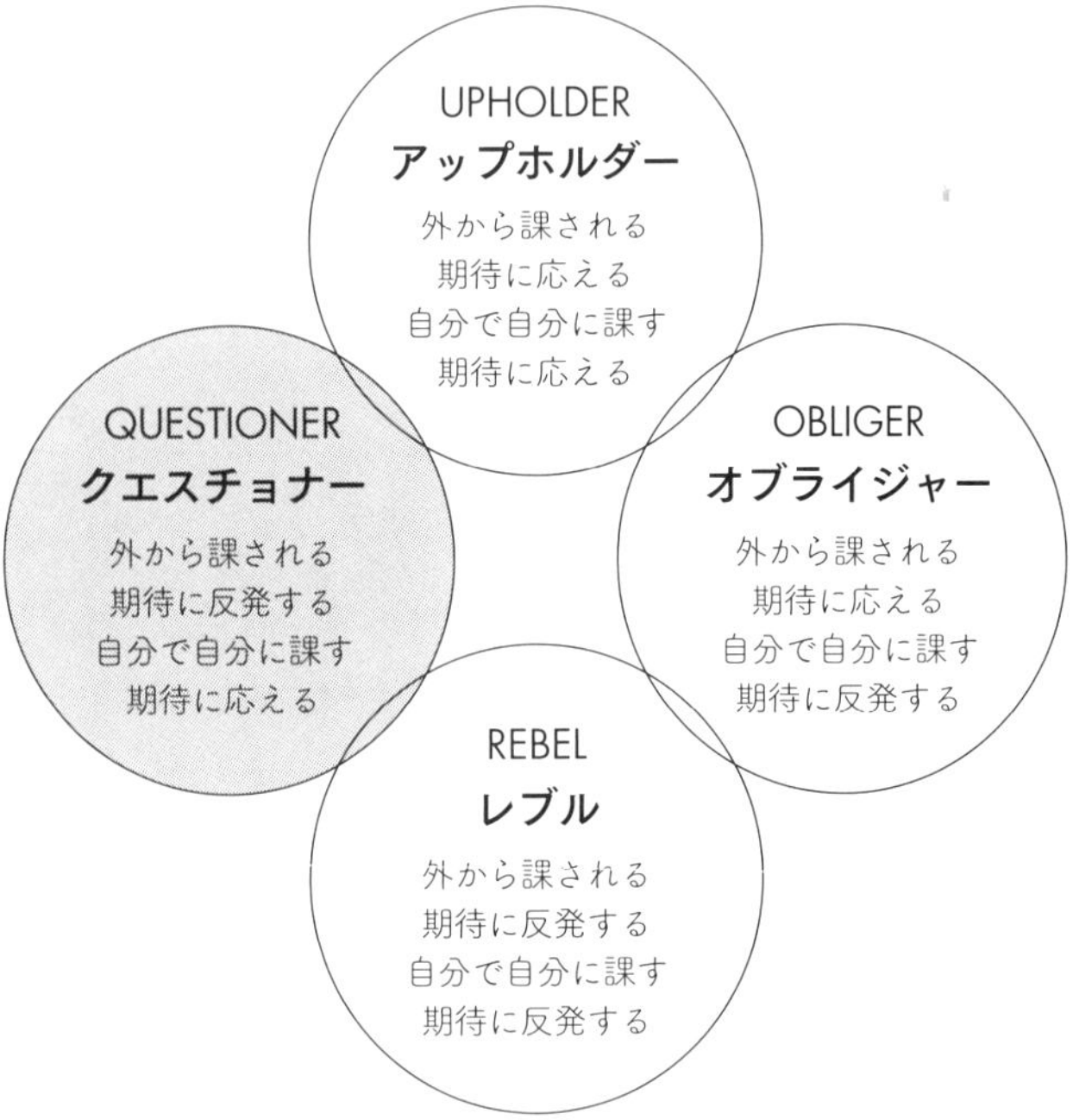
UPHOLDER
アップホルダー
外から課される
期待に応える
自分で自分に課す
期待に応える
OBLIGER
オブライジャー
外から課される
期待に応える
自分で自分に課す
期待に反発する
REBEL
レブル
外から課される
期待に反発する
自分で自分に課す
期待に反発する
QUESTIONER
クエスチョナー
外から課される
期待に反発する
自分で自分に課す
期待に応える

職場や家庭をはじめとする日々の生活の中で、人は外からの期待と内なる期待の両方に直面します。アップホルダーはどちらの期待にも進んで応えようとしますが、**クエスチョナー（疑問を持つ人）は内なる期待にしか応えようとしません**。ただし、外からの期待が転じて内なる期待となれば、それに応えようとします。

内なる期待として受け入れるうえで、クエスチョナーが何よりも重視するのが**情報と論理と効率性です**。彼らは自分の手で事実を集め、自分で決断し、正当な理由にもとづいて行動したがります。そして、必然性がない、正当な理由がない、効率が悪いと思えば、どんなことにも異を唱えるでしょう。

クエスチョナーの数は多く、4つの傾向の中で2番目に多い割合を占めています。

では、クエスチョナーはどうやって、外からの期待を内なる期待に変えるのでしょうか？

彼らが期待に応えるのは、効率的なことだと認めたときや正当な理由があるときだけです。

基本的には、「父から車のオイルを確認しろと何度も言われているが、その必要があるとは思わないから無視していよう」「会社のキッチンシンクのところに、使った食器は各自で洗うようにと書いてあるが、勤務時間を洗いものに使うのは生産的じゃない。夜間の清掃スタッフに任せたほうが効率的だから、私のマグカップはシンクに置いておこう」というように考えます。

とはいえ、外からの期待でもそれをする正当な理由があれば、内なる期待として積極的に実行しようとします。

たとえばこんな具合に。「九九を覚えれば算数の宿題が早く終わると先生が教えてくれた。よし、九九を覚えるぞ」「何か月も前から客間を掃除してほしいと妻から繰り返し言われているが、使ったことがないから拒んでいた。でも数週間後に客が来ることになったから、掃除するとしよう」

クエスチョナーは理由を重んじます。そのため朝目覚めると、「今日やらないといけないことは何で、なぜそれをしないといけないのか?」と考えるのです。彼らは、どういう行動をとるのが得策かと考えたうえで決断を下します。だから、上司から金曜日までに報告書を提出するように言われても、「来週の水曜日まで誰も読まない。週明けに作成するほうが効率的だから、来週の水曜日までに書けばいい」と考えるかもしれません。

私が実施したサンプル調査でも、「いちばん納得できると自分で判断したことなら、ルールや外からの期待を無視することになってもやる」という設問に対し、「はい」と答えた人の割合がいちばん多かったのはクエスチョナーでした。

クエスチョナーは、理由を受け入れることができれば自発的に期待に応えようと動くので、監視の目はあまり必要ありません。その代わり、クエスチョナーの部下に新しい請求書発行システムを使わせたいとか、クエスチョナーの患者にきちんと薬を服用させたいとか、クエスチョナーの夫に地下の掃除を手伝ってほしいときは、**その理由を言葉で伝えることを心がけてください。**なぜそれをする必要があるのか、なぜそのやり方なのか、なぜ今なのかを説明するのです。それで納得すれば、クエスチョナーは確実にやり遂げるでしょう。

内なる期待についても同じで、理由に納得すればその期待に応えようとします。

たとえば、痩せたいと思っているクエスチョナーが実際に行動を起こすのは、事前に調べて選択肢を比較し、効果的に痩せる確率がもっとも高い運動はこれだと自分で納得したときです。医師から運動しなさいと言われても、妻から追い立てられても、同僚から「ジムに行こう」と誘われても、クエスチョナーは動きません。

ところが、自分に適しているのはクロスフィットかジョギングだと心が決まった途端、痩せたいという内なる期待に応えられるようになるのです。

クエスチョナーは何にでも疑問を抱きます。私のお気に入りの例があります。

カンファレンスで4つの傾向について説明し、来場者に自分をどれかに分類してその傾向のモットーを考えてもらったときのことです。4つのグループに分かれてモットーについて話し合う時間を設けたのち、クエスチョナーのグループの発表の番がくると、彼らはこう答えました。

「なぜモットーが必要なのですか？」

これぞまさにクエスチョナーの回答です。

11 自分流にアレンジするのが好き

クエスチョナーは自分の意思でしか動かないので、いったん何かをすると心に決めたら、やり遂げるための苦労はあまりありません。期待を拒む場合もそれほど苦労しないでしょう。

クエスチョナーは、アップホルダー（約束を守る人）の自発性と、オブライジャー（義務を果たす人）の信頼性、レブル（抵抗する人）の正直さを持ち合わせているのです。

このタイプは、常識とされているような慣習や前提に対しても疑問を抱きます。

「私は結婚したいと思っているのか？」「上司の言葉には絶対に従わないといけないのか？」「なぜ子どもは大人が使う汚い言葉を使ってはいけないのか？」という具合にです。

彼らにとって大切なのは、期待の妥当性や正当性です。だから、ルールの目的を考慮したうえでルールを拒むことがあります。クエスチョナーから次のようなコメントが届きました。

ルールを守るかどうかはケースバイケースで判断します。たとえば、試着室への持ち込みは6点までと書いてあっても、誰も見ていなければ6点以上持ち込みます。そうすれば、行ったり来たりせずにすみますから。

この持ち込みのルールは、盗難防止に加えて（私は絶対に盗んだりしません）、試着室に列ができたときにスムーズに列を流すことを目的に設定されたのだと思っています。私は空いている時間にしか買い物に行かないので、試着室に列ができることはありません。よって、そのルールに意味があるとは思えないので守りません。

クエスチョナーにとっては、ルールに対してこのような考えを持つのは妥当なことです。レブルであればルールを破ることに快感を覚えるでしょうし、たとえ破らないにせよ、ルールなど眼中にはないはずです。アップホルダーやオブライジャーは、「みんなが守ることを期待されているルールなのに、なぜ自分だけを例外にできるのか？」と感じるでしょう。

クエスチョナーは、自分に課せられる期待に対しても疑問を抱きます。こんな例があります。「ソロリティーのＫＫΓ（訳註：ソロリティーは高等教育を受けている女子学生のための社交団体を意味し、ＫＫΓ［カッパ・カッパ・ガンマ］は団体のひとつ）に入会しようとしたときに、『女性らしく誠実であるために』おじぎをしなければならないと言われました。私はその意味すら理解できずに吹き出してしまい、翌日から行かなくなりました」

また、自分のすることに確かな理由を求めることから、**クエスチョナーは、自分（と自分のまわりにいる人々）が正当な理由のない期待を盲目的に受け入れることがないようにします**。そのため、人間関係や組織に計り知れないメリットをもたらす存在であると言えるでしょう。

なぜわざわざスタッフミーティングを開くのか、なぜこのソフトウェアを使うのか、なぜこのクライアントの獲得にこれほどの時間を費やすのか、と問い詰めるのは決まって彼らです。そのせいか、然るべき理由もないのに動こうとする人を見ると、彼らは本当に困惑します。

あるクエスチョナーは次のように嘆いていました。

「胸の内では正しいと思っていないことを、どうしてやるのでしょう？　人間は整列して海に飛び込むレミングと変わらないのでしょうか？　反対に、心から正しいと思っていることを実行しない人がいるのはなぜなのでしょう？」（ご覧のとおり、このコメントは３つの疑問で成り立っています）

クエスチョナーは十分に吟味したうえで結論を出したいので、徹底的に調査を行おうとします。それに、選択肢の比較が大好きです。アップホルダーがやることリストをカードに書きたがるように、クエスチョナーはスプレッドシートを好んで使いたがります。私の元に比較の記事を大量に送ってくるのは決まってクエスチョナーです。
クエスチョナーから届いた意見を紹介したいと思います。

修士論文のテーマがなかなか決まりません。今学期は、来年の予行演習の意味を兼ねて、自分が選んだテーマで論文を書いてもいいことになっています。

クラスメイトの大半が、今学期すべての課題で卒業論文のテーマについて書きました。でも私は、異なるテーマに挑むチャンスととらえ、課題ごとに扱うテーマを変えました。そのぶんとても苦労しましたが、今なら自分がなぜそうしたのかがわかります。私はクエスチョナーなので、ひとつのテーマについて多くのことを学んでからでないと、そのテーマの研究に専念できないのです。

調査に夢中になるという性質から、クエスチョナーはほかの人の情報源となることがよくあります。というより、**知識を共有することが好きなのです。**

また、プロセスを改善することにも興味津々で、ミスをなくし、ものごとの流れを良くすることにも喜びに感じます。

クエスチョナーの友人は、事実確認を任されることが楽しくて仕方がないと言っていました。趣味がユーザーインターフェースの改良だという友人もいます。

クエスチョナーからすれば、「いつもこのやり方でやってきた」や「これが標準だ」や「ボスは私だ」といった言葉には何の重みも感じません。彼らが知りたいのは「理由」だからです。それゆえ、前提に異を唱え、ほかの選択肢を考慮し、定説を否定しようとします。

クエスチョナーの意見を紹介しましょう。


若いころはファッションや化粧に気を配る意味がわからなかったので、いっさい身なりに気を配りませんでした。でも歳を重ねて仕事をするうちに、外見はキャリアの成功や人づきあいに影響することが（私個人の経験、客観的な調査の両方を通じて）明らかになったので、魅力的に見えるための努力はある程度必要だと思うようになりました。

ただし、外見磨きに費やす時間は、内面磨きに費やしたい時間より多くならないように心がけています。後者のほうが重要だと思うので。


じつにクエスチョナーらしい考え方と言えます。

クエスチョナーは自分で考えて決断を下したがりますが、それは「専門家」からアドバイスをもらっても変わりません。権威にひれ伏すことなく、つねに「そもそも、なぜこの人の意見に耳を傾ける必要がある？」という姿勢を崩さないのです。

たとえば、大学の講義に登録するときは、事前に講師に質問する、講師と話す機会を何度か設ける、照会先を求めるといったことをしかねません。

クエスチョナーのひとりから、ダイエットを決意したときの話を聞きました。

「体重を落とすと決めたときは、参考にしたい栄養士、食事プラン、医師をリストアップし、それぞれのメリットとデメリットをスプレッドシートにまとめました。私の要望を満たす栄養士が見つかり、彼女が提唱するプログラムを中心にダイエットを実践しています」

この話からわかるように、**クエスチョナーには自分流にアレンジをしたがるところがあります。**その特性（と新年に誓いを立てるという必然性のないことへの嫌悪）がよくわかる例がもうひとつあるので紹介しましょう。

クエスチョナーの友人がこんな話を聞かせてくれました。

「30日間エクササイズチャレンジをやったけど、毎日ではなく1日おきにした。1月1日から始めたけど、この話を誰かにするときは必ず、たまたま1月1日になっただけで、新年の誓いとして始めたわけじゃないと念を押していた。そのころは自分がクエスチョナーだと知らなかったけど、今ならなぜそんな念押しをしたのかわかるよ」

12 納得するまでずっと動けない

「疑問を抱くことは仕事のうえでとても役に立ちますが（私は名の知れた上場企業の経営幹部クラスの役員を務めており、小さい子どもの母親でもあります）、同時にとても疲れます。誰に対しても、何に対しても、繰り返し質問せずにはいられないので」

正当な理由があると思えなければ、クエスチョナーはその期待に応えようとしません。その態度がトラブルを生むこともあります。

自宅や職場で絶えず質問するので、質問されるほうが疲れ果ててうんざりし、質問に答えてもらえなくなる可能性もあります。それどころか、「訊かなくていいことをいちいち訊く人」「ただ文句を言いたいだけの人」「権威や他人の判断を受け入れたくないだけの人」といったレッテルを貼られることも考えられます。

確かに、クエスチョナーには「勤務先で新しいことが導入されても、それが私の気に入ることだと誰かを通じて実証されるまではボイコットする（黙ってボイコットするときもあれば、声をあげることもある）」というようなところがあります。こうしたことはクエスチョナーには理にかなった行為なのかもしれませんが、上司や同僚からは良く思われないでしょう。

クエスチョナーの考え方を理解していない上司なら、その言動に苛立ちを覚え、敬意がないと感じ、「チームプレーができない部下」と決めつけるかもしれません。

実際、優秀な成績を収めていたにもかかわらず、絶えず質問する姿勢を気難しい上司に反抗だと受け止められたためにクビになったクエスチョナーもいます。

こうしたことは子どもにもあります。とくに子どものクエスチョナーにとって、学校はつらい場所かもしれません。多くの学校は、必然性があるとも効率的とも思えないような規則を取り入れていて、その正当性を説明する義務があると感じている教師や学校経営者はほとんどいないからです。そういう状況におかれると、クエスチョナーは課された義務を果たせず、その態度を「協調性がない」「生意気だ」ととられかねないのです。

クエスチョナーのコメントを紹介します。

私には小さいころからクエスチョナーの片鱗がありました。たとえば、バレンタインデーにクラス全員にカードを送りなさいと言われてカッとなった覚えがあります。

8歳だった私は、苦手に思っている子にもカードを送れば、本当に大事に思っている友だちに送る意味がなくなると思ったのです。クエスチョナーにとっての小学校は、不満を感じる場所でもあるのです。

この問題は小学校に限った話ではありません。別のクエスチョナーはこう話します。

クエスチョナーの私は、自分がバカバカしいと感じること、時間のムダにしか思えないこと、必然性のないことには疑問を呈し、拒否します。そのせいで、大学の授業で課される必然性がないと思える課題、たとえば課題図書を読んだと証明するための週次報告などはなかなか書く気になれません。でも、プロジェクトや実験といった苦労の多い課題は嬉々としてやり遂げます。そういう課題に取り組むと、新しいことを学んでいるという実感がわき、自分の力が試されているという気持ちになります。

クエスチョナーの絶え間ない質問に周囲は辟易するでしょうが、**質問に答えなければクエスチョナーは動きません。**

とはいえ、クエスチョナー自身も「質問せずにいたい」と思うことがあるようです。「何かを決める前に、あとひとつ情報が欲しいと求めることがどうしてもやめられない」「ルールで決められていないことに対して質問しすぎるので、『いいからとにかくやれ！』とよく言われるが、そうできるならそうしたい」という声を聞きます。

質問をすることには時間とエネルギーを使います。ロースクールに通っていたとき、クエスチョナーの友人は十数社の法律事務所の面接を受けましたが、私は6社しか受けませんでした。でも結局、ふたりとも同じ事務所に落ち着きました。

絶えず質問していると、「分析麻痺」に陥ることがあります。クエスチョナーは、情報を収集し、選択肢を天秤《てんびん》にかけ、より多くの可能性を探りつづけずにはいられないのです。しかし、いくら完璧な情報を探しても、この世にそんなものはなく、決断を下して前に進まざるをえないことがほとんどです。

それに、疑問を抱くことで、ためらいや迷いが生じることもあります。たとえば、健康に関する助言に従おうとしても、その助言が自分に「最適かどうか」を考えはじめてしまうという意見が多くのクエスチョナーからあがっています。

「もっと調べるべきではないか」「もっと効率的なやり方がほかにあるかもしれない」「この助言は間違っているかもしれない」といった考えが頭をよぎれば、助言に従うのをやめてしまうでしょう。

クエスチョナーは理由を求めることや決定事項に異を唱えることを得意とするため、本人が望めば、**期待から逃れる、あるいは身についている習慣をやめる合理的な根拠を簡単に見つけることができるのです。**つまりは、抜け穴を見つけることに秀でているということです。

あるクエスチョナーは次のように語ります。

私はどんなことにも疑問を抱き、どんなことからも逃れる合理的な理由を見つけることができます。脳内ではいつも、ジキルとハイドのような会話が繰り広げられています。

「運動すべきだ」

「でも外は寒すぎる」

「なら室内で運動すればいい」

「でも仕事がたまっているから、そっちを優先しないと」

という具合です。この脳内の会話でぐったりし、結局は脳のスイッチをオフにしてテレビを観てしまいます。

また、クエスチョナーは**何かと自分流にしたがるところがあり、専門家の助言にも疑問を呈する**ことから、彼らから協力やアドバイスを求められた人は腹を立てるかもしれません。

具体的には、教師、上司、同僚、医師、大学のカウンセラー、配管工、芝生管理の専門家といった人々です。

ある調査で、「私の患者は、医師よりも自分のほうが自分に何が効くかわかっていると思い込んでいる」との設問に医師の26パーセントが賛同していました。これを見た私は、「へえ、この患者というのはきっとクエスチョナーだ」と思ったものです。

実際、クエスチョナーからこんな話を聞いたことがあります。「専門家と呼ばれる人の意見はたいてい無視します。かかりつけの歯科医から年に一度レントゲンを撮るといいと言われましたが、とんでもない。撮影は5年に一度です。年に一度も撮影したら、ムダにX線を浴びてガンになりかねませんから」

こうしたものの見方を体現しているクエスチョナーはほかにもいます。

「どの医療関係者も私のことを嫌がるでしょうね。必ずたくさん質問し、満足するまで帰りませんから。どこかで何らかの知識を得ているときは、医師の助言に即していなくても、その知識のほうに従うこともあります。何の知識もなく診察を受けた場合は、質問の答えをもらったあとで独自に調べ、そのうえで医師の助言に従うかどうか決めます」

どの傾向にも言えることですが、生まれ持った資質は足かせにもなりえます。

クエスチョナーは正当な理由に突き動かされるとはいえ、**本人が正当だと信じているだけで、実際には理由として筋が通っていないこともあります。**そうすると、周囲から「変人」と思われるような行動をとります。

たとえば、専門家の指示が自分の意見と違えば従うことを拒みますし、「経験を積んだ医師より自分のほうが肺炎について詳しいと本気で思っているのか」とか「社内の全員が同じフォーマットで報告書を書いているのに、なぜ君だけおかしなフォーマットにこだわるんだ？」と苦言を呈されても無視してしまうのです。

私がジョン・F・ケネディの伝記『JFKの40の素顔』を執筆中に参照した資料から判断するに、陰謀説を唱える人の多くはクエスチョナーだと思います。

クエスチョナーの変人的な一面は、状況によっては厄介な問題を引き起こしかねません。たとえば、伝説的な起業家としてIT業界を牽引したスティーブ・ジョブズもクエスチョナーで、彼は若いころ、果物を中心にベジタリアンとしての食生活を送っていれば体臭の心配はいらないと思っていたようです。彼は多くの人が「健康を害するおそれがある」と助言しても聞く耳を持ちませんでした（注3）。

クエスチョナーのこうした側面は危険を孕《はら》んでいます。ジョブズが死因となったガンと診断された当初、彼は広く受け入れられている化学療法や手術を拒み、鍼治療、ビーガンとしての食生活、ハーブ療法といった、ガンの治療として一般的ではない対処法を独自に考案して治療にあたりました。ですが、効果は現れず、結局は手術を受けることに同意したのです。どの傾向にも言えることですが、見識と経験があれば、自らの傾向の弱みとうまくつきあっていくことができます。

この点を総括したクエスチョナーの言葉を紹介しましょう。

「これまでの経験から、黙ってルールを無視すると厄介なことになりかねないと学びました。

今では、ルールがあれば従い、納得がいかないルールは変えます。ルールを変えられないときは、ルールに従わないといけない場から去ります」

私には、クエスチョナーについて理解できないことがひとつあります。彼らはよく、待たされることがいかに苦痛かを口にします。友人のひとりは、「待たされることが嫌すぎて、レストランで席に案内されるまでのあいだは会話もろくにできない」と言っています。

彼らにとって、待つあいだのおしゃべりは非効率的なことなのでしょうか。

13 人から質問されると嫌な顔をする

クエスチョナーという傾向の根幹には、大きな皮肉が潜んでいます。

彼らが質問をたくさんするということはわかっていましたが、ポッドキャストのリスナーからの**「クエスチョナーは自分が質問されることを嫌がると知っていますか？」**との問いかけに、私は興味をそそられました。

夫のジェイミーがクエスチョナーなので、もちろんそのことには気がついていました。質問されたくないという態度があまりにもわかりやすいため、我が家ではその「N2K」な態度がからかいの対象になっていたほどです。「N2K」とは、「知る必要のあること（Need To Know）」の略で、ジェイミーは知る必要があると判断した質問にしか答えません。「夕食は何をつくる予定？」や「新しい仕事はいつから始まるの？」といった質問には答えようとしないため、それでイライラさせられることがよくあるのです。

私はそれをずっと彼の性格の一部ととらえていて、人をじらすようなところがあるのだと思っていました。でもそれは、クエスチョナーという傾向の一側面だと気づいたのです。

クエスチョナーは情報を提供することは厭わないのに、彼ら自身の判断や決断について尋ねられることは嫌がるのです。そのせいで、衝突が生まれることもあります。

クエスチョナーから次のようなコメントが届きました。

私たちクエスチョナーはつねづね、何かを行う理由やメリット、デメリットを徹底的に調べない人たちを腹立たしく思っています。私が低糖質ダイエットを始めると決めれば、クエスチョナーでない人たちから、「でも、そういうダイエットは肝臓を悪くすると聞いたけど」や「ロバート・アトキンスは若くして亡くなったんじゃなかった？」などと尋ねられる。本当にイライラします。そういう意見に信憑性があるなら、当然私も気づいたはずで、そもそもこのダイエットを始めようと思うはずないでしょ！

別のクエスチョナーもこの意見に賛同しています。

「クエスチョナーとしては、自分のことや、自分が何かをする理由はあまり説明したくありません。決断に至る論理について散々考えたというのに、それをもう一度たどって正しいと考える理由をすべて並べ立てるなんて本当に疲れます。だから、自分の正当性をほかの人にわかってもらう必要があるとは思いません」

慎重に決断を下すからこそ、決断について尋ねられるとイライラする（ときには侮辱されたとすら感じる）、と彼らは言います。これは何ともおかしな話です。クエスチョナー以外の人は、クエスチョナーの質問に対していつも同じ気持ちになるのですから。

当然ながら、クエスチョナーは時間のムダに思える質問をとりわけ嫌います。そういう質問をされたら、「なぜその質問に答えないといけないのか？」と疑問を抱くでしょう。

ただし、**質問された理由がわかれば、答えようという気持ちは強くなります。**だから、「出発は何時？」ではなく、「出発は何時？　ジムに行く時間があるか知りたいの」と言えば答えてもらえます。

質問して答えてもらえなければ、当然腹が立ちます。

これについて、クエスチョナーから次のようなコメントが届きました。「費やした努力を思うと、私の意図が無視されたり、蔑《ないがし》ろにされたり、それについて質問されたりするのは腹立たしい」

その気持ちはわかりますが、クエスチョナーでない人たちも、答えがほしいから質問しているということをわかってほしいものです。

ではどうすればいいのか？　クエスチョナーには、自分の決断を疑われていると思わせることなく、結論に至った経緯の説明を求めればいいのです。**彼らは人に教えることや、知識を共有することは基本的に大好きです。**だから、「そう思った経緯をぜひ知りたい。あなたの決断の下し方を参考にしたい」「報告ツールにそのソフトウェアを選んだ理由に興味がある。なぜそれが最高なのか、聞かせてくれないか」という聞き方をお勧めします。

14 制限を設定すれば動ける

クエスチョナーが衝動のままに尋ねてばかりいると、本人も周囲も疲れ果てて麻痺してしまうかもしれません。調査の段階から先に進めないことをつらいと感じているクエスチョナーもいます。こんなコメントが届きました。

「私は目標が何（ダイエット、運動、投資、仕事）であれ、複数の方法を調べずにはいられません。いちばん効率の良い方法をどうしても探してしまうのです（これはまったく効率的ではないのですが）。新しい理論やアプローチが見つかると、気になって仕方ありません」

こうした理由から、クエスチョナーは検討のしすぎに気をつける必要があります。

もっと深く調べたいという衝動に取り憑かれないようにするためにも、**最終的な目的をつねに意識したほうがいいでしょう。**

クエスチョナーの友人は、「情報を欲する気持ちに終わりはないから、自分が調査モードに入っていると感じたら、『この情報は結論に本当に関係があるのか。なぜこの疑問に時間とエネルギーを使っているのか』と自分に問いかける」ようにしているそうです。

それを聞いたとき、私は思わず「疑問を抱いていることに、まだ疑問を投げかけるんだ！」と声に出してしまいました。

別のクエスチョナーの友人からは次のような話を聞きました。

「以前は、私個人のクライアントが相手だと、クエスチョナー気質が働いて、予定の時間内で話を切り上げることがなかなかできなかった。もっと多くのことを知りたい、もっと多くの情報を伝えたいと思ったから」

「どうやって変えることができたの?」と、私は興味津々に尋ねました。

「クエスチョナー気質をさらに掘り下げていって、予定の時間に話を終わらせたほうが、私にとってもクライアントにとっても良い理由をひとつずつ自分に言い聞かせた」

検討のしすぎを防ぐ方法はまだあります。調査、分析、決断がたくさん必要となる状況を避けるのもひとつの手です。クエスチョナーの女性から、こんな後悔の声が届いています。「家を自分で設計して建てるなんて……。私は何を考えていたのでしょう。おかげで、製品レビューやフォーラムのページに何時間も入り浸り、床材からセントラルバキュームシステムに至るありとあらゆるものの『最高の品』を探し求める日々です。それが楽しければいいのですが、ちっとも楽しくありません」

彼女はきっと、信頼できる業者を雇ったほうがよかったのでしょう。

当然ながら、クエスチョナーが「信頼できる専門家」は、そう簡単には見つかりません。とはいえ、**分析麻痺に陥りやすいクエスチョナーは、尊敬する人物の導きに従うことや、情報源に制限を設けることでその問題を解決できます。**

具体的には、コンシューマー・レポート誌だけをチェックする、信頼に足る専門家(医師など)や権威機関を見つける、信用のおける友人や身内に尋ねるといったことです。あるいは、「このアウトドア用品店の店員は本当に博識なので、この店でテントを買うことにしよう。ほかはもう見ない」と決めてしまうのも有効でしょう。

また、調査や決断を下す際に、分析麻痺に悩まされているクエスチョナー、あるいはその周囲にいる人が、「金曜日までに答えを出す必要がある」というように期限を設けてもいいかもしれません。

ただし、クエスチョナーならそうした制約にまで疑問を抱く可能性はあります。実際、次のようなコメントが届きました。

「期限を設けるというアドバイスに疑問があります。私は意味のある期限しか守ろうとしません。必然性のない期限では効果はありません」

クエスチョナーの質問のしすぎを防ぐ、あるいは麻痺した感覚を元に戻すには、理解を深めるのがいちばんです。習慣が身につかない、内なる期待に応えられないといったことで苦労する人の多くは、期待の内容やそれをする理由を明確に理解していないのです。

クエスチョナーは、期待に応えるべき理由や、特定のやり方をとらないといけない理由がわからないと、期待に応えようとしません。クエスチョナーは理由を明確に理解する必要があり、自問すれば理由は明らかになります（他者に反対されるようなことを自分がやろうとしている理由を問う場合もあるかもしれません）。

- そもそもなぜこれをすべきなのか
- この人の話をなぜ聞かないといけないのか。この人の専門や立場はどういうものか（例：この栄養士は、食事のアドバイスを提供するのに適した資格を持っているか？）
- これをしないといけない理由は何か。誰かに変わってやってもらうことはできないのか（例：理学療法ではなく手術を受けることはできないのか？）
- もっと多くの情報を入手できないか
- 自分のニーズに合わせて期待の一部を変えてもいいのではないか（例：副作用が起こるので、医師に黙って薬の摂取量を減らそう）
- もっと良いやり方はないか（具体例：飲まないといけない錠剤を午前中にすべて摂取すれば、一度ですむのではないか）
- この行動は目的にかなっているか（例：改善を実感できなければ、この処方薬を飲む必要がないのではないか）
- 自分がこれをすることで、誰にメリットがあるか。この期待を課した人（組織）の真意は何か（例：毎週行うようにという指示は、医師の儲けを増やすためではないか）

理解が深まれば、クエスチョナーは行動を起こします。例を紹介しましょう。

クエスチョナーだと自覚したおかげで、甘いものを断つことに成功しました。甘いものは身体に悪いとぼんやり思っていたときは、断てませんでした。

クエスチョナーの私には調査が必要だと思い、講義の動画を見てネットで関連記事を探し、ゲリー・トーブスの『人はなぜ太るのか』を読みました。それからは、甘いものをいっさい食べなくても平気になりました。

私には、確かな事実が必要だったのですね。それを得てしまえば、習慣を変えることは簡単でした。

ただし、理解が深まったからといって、周囲が望む言動をクエスチョナーがとるようになるとは限らないことも頭に入れておきましょう。

15 「行動する理由」は自分でつくれる

期待に応えることが大事な場面で、その期待に必然性や効率性、正当性を感じられないと、クエスチョナーは困ったことになります。

そういう場合は、期待に応えることに意味や必然性がなくても、ほかの誰かにとって重要なことだったり、それをやることが結局は自分のためになったりすると言い聞かせるといいでしょう。それを実践したクエスチョナーの話を紹介します。

ずいぶん時間がかかりましたが、祖母が喜ぶということが、ときには祖母の言葉に従う十分な理由になるとようやく気づきました。

若いころは、何を言われても疑問視して祖母を怒らせてばかりいました。水切りかごに入れておけば乾くのに、なぜ食器を拭かないといけないのか。なぜいつも黒ずくめの格好でいてはいけないのか……。

でも今は、何か言われても「無意味だけど、祖母を喜ばせることに意味があるからやろう」と思うようになりました。

私は以前、医学部に通う不安そうな顔をした学生から、「必然性のないことや、バカバカしいとしか思えないことをやるように言われたときに、どうすればやろうと思えるようになりますか？　そういうことを毎日のように言われていて、本当に困っているんです」と尋ねられたことがあります。

私は「なるほど」とうなずき、「これはクエスチョナーによく見られる問題です」と答えました。

「第一義の理由にとらわれず、ほかの理由を思い浮かべてください。自分なりの理由を見いだすのです。たとえば、『この課題は無意味で、やっても時間をムダにするだけだ。でも教授の信頼は得たい。そのためには、課題をする必要がある』という具合に」

これらの例からわかるように、第一義の理由（期待に応えることそのもの）に正当性がなかったとしても、**その次の理由に目を向けること**はできます。「正当性のないこの期待に、自分なりの理由で応えるのは理にかなっているか？」と考えるのです。

「自分の望みを実現するには何をしないといけないか」。そう考えて自分に行動を促すことを、クエスチョナーは忘れないでください。

クエスチョナーまとめ

強みと思われる性質

データにもとづいて考える

（自分の判断にもとづいて）公正に判断しようとする
あえて反対意見を唱える役割を引き受けようとする
正当性があれば、制度に抗うことも厭わない
自分の心のままに行動しようとする
正当な理由もなく権威を受け入れようとしない

弱みとなりうる性質

分析麻痺に陥る可能性がある
疑問を抱かず安心しきっているように見える人にイライラする
変人扱いされやすい
周囲には解決ずみとみなされていても、自分の疑問が解消しない限り終わりにできない
ほかの人が妥当と思う期待や、ほかに選択肢がない期待（例：交通ルール）でも拒むことがある
自分が質問されたら答えたがらないところがある

5章

クエスチョナーを「納得」させるには

16 いちいち質問されてもイライラしない

クエスチョナー（疑問を持つ人）は、職場でとても貴重な存在となりえます。

「なぜこのやり方でないといけないのか？」「そもそも私たちがやるべきことなのか？」「面接する人数をさらに増やす必要があるのか？」「構造化するにしても、もっと良いやり方があるのではないか？」といった疑問を口にするのは決まって彼らです。

クエスチョナーは調査を好み、率先して効率的な方法を探し、合理的でないことを排除しようとします。

「これがわれわれのやり方だ」といったいいかげんな説明は受けつけないでしょう。彼らが疑問を持つからこそ、組織のリソースは最大限有効に活用できるようになるのです。

しかし、いくらチームプレーに貢献したところで、執拗に疑問を呈する姿勢に対して、同僚や上司が快く思わないこともあります。この点について、クエスチョナーのひとりは次のように語っています。

クエスチョナーであることは、私の職務の要となる務めを立派に果たすうえで役に立っています。ですが、チームで協力してプロジェクトに取り組んでいるときに、必要に応じて疑問を呈すると、チームの一員という意識が足りないと思われてしまいます。

私は、礼節をわきまえたうえで疑問を投げかければ、その内容がたとえ「このプロジェクトは本当にする必要があるのか」というものでも、アプローチが明確になり、間違った方向に進むことやムダな作業の発生を防ぐことになるので、最終的にはより良い結果をもたらすと思っています。

時間やお金や労力の節約に熱心になると、ほとんどの場合は感謝されます。ですが、疑問をすべて批判と受け止める人や、何を尋ねても「○○さんがそう言ったから」「ずっとこのやり方だから」としか言わない人たちは、私のそうした姿勢を不快に思うようです。

それにしてもこの2つの返しは、クエスチョナーにとっていちばん腹の立つ答えではないでしょうか。

確かに、社内で受け入れられているやり方に従わない、みんなが決定事項だと思っていることを蒸し返す、タイミング良く決断できないといったクエスチョナーの態度は、周囲に扱いづらい人だと感じさせるかもしれません。ですが、**調査に時間的な制約を設けるなどすれば、彼らの行きすぎを防ぐことはできます。**

たとえば、クエスチョナーの部下が新規採用の面接を担当することになったら、採用者を決定する期限や上位5名だけを検討するようにといった指示を与えればいいのです。クエスチョナーに対する制約は、行きすぎた行為の抑止力となります。

クエスチョナーは、自身の分析や判断に強い自信を持っています。そのため、自分の意見が正しいと信じ込み、他者の意見を聞き入れようとしないことがあります。

ある会社の社長と話をしていたときも、「うちの調査部門のバイスプレジデントは優秀な男だが、彼と一緒に仕事はできない。私の決断や判断にずっと疑問を呈してくるのですよ。私の立場や経験などおかまいなしに」と言われたことがあります。

「彼は、攻撃しているつもりはないと思いますよ。何にでも疑問を呈さずにいられないだけです」と私はその社長に伝えました。

「まあ、いずれにせよ、今ではもう会話すらできません。彼と話すときは仲介役を通します」

クエスチョナーが疑問を呈するのは、対立したいからでも、邪魔をしたいからでも、協力したくないからでもありません。ただ単に、クエスチョナーという傾向の特性が行動に表れてしまうのです。

この点をわかっていれば、クエスチョナーの同僚から疑問を投げかけられても、嫌な顔をせず必要な情報を提供しやすくなるでしょう。

あるオブライジャー（義務を果たす人）からこんなコメントが届きました。

「私はモンテッソーリ教員として働いていて、ふたりの同僚がクエスチョナーです。以前はふたりに対して毎日のように腹を立てていましたが、今では彼らの疑問を解消するのに役立つ本やウェブサイト、記事などを薦めるようにしています」

クエスチョナーが自営業者（会社を起業する、フリーランスとして自分の技能を提供する）となれば、時間とエネルギーを費やす価値があると判断したことすべてに力を注ぎます。ただし、「自分が理にかなっていると思えることしかやらない」という特性には、良い面と悪い面の両方があります。たとえば、契約を獲《と》るのに役立つという結論に達しない限り、見込み客との世間話は時間のムダだと切り捨ててしまうかもしれません。

自営業の場合は、分析麻痺に陥らないための対策を講じる必要もあるでしょう。たったひとりで厄介な決断をいくつもこなさなければならないからです。記録の保存、納税申告、健康保険の加入、マーケティング対策はどうするのがベストか、このような多岐にわたることをひとりで考えつづけていれば、疲れ切って何も決められなくなる恐れがあります。

17 お願いごとは「理由」とセットで

クエスチョナーの男性から、「私はクエスチョナーなので、理由やもっと良い方法はないかとつい尋ねてしまいます。妻はそんな私をおもしろがって、『徹底的にリサーチしたうえで結婚を決めたのだから、離婚は絶対にないわね』と言います。まさにそのとおりですよ！」

私の夫ジェイミーがクエスチョナーなので、私はクエスチョナーの言動にたくさん触れてきました。アップホルダー（約束を守る人）である私には、夫がクエスチョナーで良かったと思えることがたくさんあります。アップホルダーは、あまり深く考えずに期待に応えようとしてしまうからです。おまけに、自分の思い込みの期待に応えようとしたり、ルールの遵守にこだわりすぎたりもしてしまいます。でも、ジェイミーがつねに疑問を解消したうえで行動に移すところを見ているおかげで、私も以前に比べて疑問を口にするようになりました。

ですが、彼のそういう面を尊敬して見習うようにしているものの、ときには怒りを覚えることもあります。

私は家族みんながつねに協力的であるべきだと思っているのですが、ジェイミーはたまに非協力的な態度を見せます。以前は、彼は私に協力する気がないのだと思っていました。でも今は、そうではないと理解しています。彼はどんな理由があって私が彼にお願いごとをしているのかを知りたいだけなのです。

先日、ジェイミーがジムに行くというので、帰り道にターキーハムを買ってきてほしいと頼みました。ジェイミーはこのおつかいが好きではありません。ターキーをスライスするあいだ、その場で待たないといけないのが嫌なのだそうです（クエスチョナーは待つのが大嫌い）。

彼がクエスチョナーだと認識する前は、どうせ無視されるだろうと思いつつ、「帰り道にスライスしたスモークターキーを買ってきてね」というメールを送っていました。ですが、彼の傾向を認識すると、彼がメールを無視するのは、心が狭いからではなく、メールを見たときに、「なぜこのおつかいをする必要がある？　家にたくさん食べ物があるのに、ハムを買う必要性がどこにある？　こんなことに時間を使うべきではない」と考えるからだと気がついたのです。

それからは、メッセージを次のように変えました。「帰り道にターキーのハムを買ってきてね。今週はエレノアに課外授業が2回あって、サンドイッチをつくらなくちゃいけないから」。こう書くと、彼はちゃんと買ってきてくれます。

クエスチョナーのパートナーから疑問を投げかけられると、攻撃されていると感じたり、思いやりがないと感じたりすることがあります。

クエスチョナーの女性からのコメントを紹介します。

　私は理由を尋ねずにはいられず、それが夫婦間に大きな歪みを引き起こしています。ささいな頼みごとに説明を求めると、夫は見下されていると感じるようなのです。夫の「電球を買ってきてくれる?」のひと言から、2日にわたってケンカになったこともありました。理由を完全に理解しないまま電球を買うなんて、私には我慢なりません。


　アップホルダーの男性と結婚したクエスチョナーの友人からはこんな話を聞きました。

「夫は、キッチンの引き出しや棚の扉が開けっ放しになっているのが嫌みたい。だから、『キッチンの扉や引き出しは、つねに閉じておくというルールにしよう』と言い出したの」

　私は納得してうなずきました。

「わかる。アップホルダーは、ルールになったことは守ろうとするから」

「でも私は、『どうしてあなたがルールをつくるの?』と返した。そうしたら、『キッチンのルールは僕がつくったから、君も別のルールをつくればいいよ』と言われたから、こう言ってやったわ。『私はあなたのためのルールなんてつくりたくないし、私がつくったルールに従ってほしいとも思わない。どうしてそんなことをしなくちゃいけないの？　そもそも、引き出しや扉が開いていることの何がいけないのかわからない。開いているのが嫌なら、閉めればいい。でも、私は気にならない。気にならないのにどうして閉めなくちゃいけないの？』って」

私は笑い出しました。「まさにクエスチョナーとアップホルダーだわ。典型的ね」

傾向の特性が現れたやりとりを目の当たりにするのは本当に楽しいものです。

クエスチョナーは独自の分析を何よりも重視するので、「専門家」と呼ばれる人たちのアドバイスに抵抗を示すことも多いです。そして、これもまた、パートナーが苛立つ原因になりかねません。

こんなコメントが届きました。「私の夫はクエスチョナーで、自分は何でも知っていると思い込んでいます。しかも、彼の意見が正しいことが多く、それがまた厄介なのです。たとえば、私はファイナンシャルアドバイザーに一度相談したいと思っているのですが、夫はお金のムダだと言います。自分で何でも調べられるし、知識では誰にも負けないと思っているのです」

クエスチョナーのこのような気質は相手を苛立たせるだけでなく、命にかかわる危険性もあります。たとえば、電動工具の安全機能を独自に不要と判断したらどうなるでしょうか。

パートナーがクエスチョナーで、情報を執拗に求めて自分の手でベストな決断を下そうとすれば、分析麻痺の犠牲になる可能性があります。読者から届いた例を紹介しましょう。

クエスチョナーの夫には、何もかもがダメに思えるようです。たとえば、うちの子どもに合っている幼稚園を私が探してきても、夫はその選択に疑問を投げかけます。また、コンクリートの階段をつけることになったときも、業者の計画に疑問を投げかけます。私が何かを決めようとしても、次々に疑問を投げかけて黄色信号を灯すので、結局は私が折れることになります。

この女性のようなケースは、夫が分析麻痺から逃れられるように、**期限を設ける**、**彼が尊敬する人にアドバイスを求める**、**情報源に制約を設ける**といった対策を検討したほうがいいかもしれません。

どの傾向にも言えることですが、傾向の良い面は同時に悪い面でもあります。よって、クエスチョナーのパートナーは、クエスチョナー傾向の良い面と悪い面の両方を必ず味わうことになります。

18 疑問には必ず丁寧に答えよう

クエスチョナー傾向の子どもにとって、「いいから言うとおりにしなさい」「これをやらないとダメ」「それがルールだから」といった大人の言葉はひどく腹の立つ言い分であり、まったく従う理由になりません。

クエスチョナーには理由が必要なのです。だから、クエスチョナーの子どもにピアノを練習させたいなら、子どもの疑問にきちんと対処することが大切です。

「そもそもなぜピアノを弾かないといけないのか？」「なぜ練習が大事なのか？」「なぜその日数だけ練習しないといけないのか？」「なぜこの先生なのか？」「音楽が大事なら、聴くだけでもいいのではないか。なぜ弾かないといけないのか？」といった疑問に対して子どもが満足する説明を与えれば、定期的に練習するようになります。ただし、答えに満足しなければ、彼らは激しく抵抗するでしょう。

慣例的なことを嫌う子どもには、親や教師は必ず手を焼きます。クエスチョナーの子どもは、「ハロウィーンの衣装をどうして学校に着ていってはダメなの？」「ジミーおじさんはいつも感じが悪いのに、どうして礼儀正しくしないといけないの？」「大学に行ってどうなるの？」といった疑問を口にします。

読者からもこんなコメントが届きました。「十代の息子がクエスチョナーです。運転免許を取得したばかりなのですが、水泳大会があった日、裸足で運転して帰ってきました。私が『靴を履きなさい。裸足での運転は違法よ』と言うと（私はアップホルダーです）、息子から『でもなぜ違法なの？』と言い返されました」（交通ルールに対して真剣に異を唱えるクエスチョナーは彼だけではありません）

学校の教室で徹底して疑問を解消しようとする姿勢は、議論を促すことや熱意の表れとなるので、教師や教授の目には喜ばしく映ることもあります。

ただし、彼らの疑問のせいで話が進まない、自らの立場を蔑ろにされている、課題への取り組みを拒む言い訳をしている、クラスの熱量を間違った方向へ導こうとしていると感じれば、先生たちは穏やかではいられません。

クエスチョナー傾向の人は、幼少期につらい思いをすることもあるでしょう。子どもは基本的に、「大人の言うとおり」にすることを求められるからです。

クエスチョナーの子どもを持つ人から次のようなコメントが届きました。

「息子はとても賢いのですが、学校では問題児扱いされています。試験ではいちばんでも、宿題には意味がないと言ってやらないのです」

学校への不満は、その子の将来に大きな影響を及ぼしかねません。子どもが期待に応えたがらない素振りを見せたときは、その理由を理解しようとすることが大切です。レブル（抵抗する人）傾向の子どもなら「言いなりになるものか」と思っているかもしれませんが、その子がクエスチョナーなら、**期待に応えることになぜ価値があるのかを納得させてもらいたいと思っているのかもしれません。**ひとりのクエスチョナーの幼少期の体験を紹介します。

私は字がとても汚い子どもで、先生は私が書く内容より字の汚さを問題にしているようでした。勉強はできたので、あるとき、教科書の問題の答えは全部わかるのだからわざわざ書く理由はないと思い至りました。先生が私の答えを知りたいなら、尋ねればいい。そうしたら教えてやろう！　と心に決めたのです。

私は先生から罰を受けました。怠け者、頑固者、物わかりが悪いとは言われましたが、私の決断が覆されるようなことは何ひとつ言われませんでした。結局、書いてまとめなければ答えられない複雑な内容になるまで、私は答えを書きませんでした。

教師が答えを書かない理由を尋ね、文字を書くことの適切な説明を与えていれば、この確執は早い段階で解消されていたかもしれません。

このようにクエスチョナーの子どもは、立場の強い人と衝突することがよくあります。

私は4つの傾向の例を（実生活、本、映画、テレビ番組などで）見つけるとうれしくなるのですが、シャーロット・ブロンテの『ジェーン・エア』を読み返しているときに、最初のページでクエスチョナーを見つけました。主人公ジェーンを育てる意地悪なリード夫人が、「ジェーン、私はカヴィラーやクエスチョナーが好きじゃない」とジェーンに苛立つ理由を説明し、文字どおりジェーンのことを「クエスチョナー」と呼んでいたのです（カヴィラーの意味がわからなかったので辞書を引くと、「屁理屈をこねる人」とありました）。

クエスチョナーの子どもから学校の宿題や大人が課す期待に疑問を呈されたら、教師や親がしっかりとした理由を説明してあげることが大切です。たとえば、クエスチョナーの生徒から「なぜ古代メソポタミアについて知る必要があるのですか？　この先役に立つと思えません」と尋ねられたとしましょう。そうすると、「今はそれを学習する時間だからです。先に進みましょう」と疑問の解消につながらない返答をすることもできるでしょう。でも、「メソポタミアについて学んでいるといっても、それ以上に多くのことが学べるはずです。複雑な内容をすばやく分析する、教科書から要点を抜き出す、効率良くノートをとる、自分の言葉で学んだことを説明するにはどうすればいいか、といったことも同時に学んでいるのです。こういうスキルは重要で、今後役に立ちますよ」と彼らを納得させる答えを返せるかどうかが教師の腕の見せどころではないでしょうか。

クエスチョナーは、**二次的な理由**で納得することもあります。「裸足で運転してもいいのではないか?」という疑問には、「裸足で運転すれば、罰金が課せられたり、免許停止の処分を受けたりすることになる可能性がある」と答えてはどうでしょう。「無意味にしか思えない科目をなぜ履修しないといけないのか?」という疑問には、「うちにはおまえを大学に進学させる余裕がなく、経済的な援助を受けるつもりなら、その科目を履修する必要がある」と、「なぜジムおじさんに礼儀正しくしないといけないのか」という疑問には、「おじさんに失礼な態度をとると大好きなおじいちゃんが悲しむから」と答えれば納得してもらえるかもしれません。

19 プラスαの説明を加える

患者がクエスチョナーだった場合、医師は彼らの疑問に必ず答えなければなりません(答えることが不可能な場合もありますが)。クエスチョナーは一度納得すれば、医師の指示(期待)に従うことにほとんど抵抗を感じません。指示どおりに薬を飲み、リハビリを行い、食生活や飲酒習慣を改善し、検診を受けます。ただし、あくまでも納得すればの話ですが。医療従事者は、正当性をしっかりと説明したうえで患者に指示を与えていると思っています。でも実際には、患者の疑問が解消されていないことは多々あります。

疑問が解消されない限り、クエスチョナーは指示に従おうとはしません。たとえば、歯科衛生士による「2分の歯磨きを、一日に最低でも2回は行ってください。そうしないと歯石がたまります」という指示を、多くの人は理にかなっていると思うでしょう。

でもクエスチョナーは違います。歯石とはそもそも何なのか、歯石がたまったらどうなるのか、歯石が歯に悪いとしても、歯科衛生士に取り除いてもらえばいいのではないか、というような疑問を抱きがちです。ですから、**これまでの指示にもう少し説明を付け足すと、指示に従うクエスチョナーが増えるかもしれません。**

また、クエスチョナーは自分流にしたがるということも覚えておいてください。指示に従うにしても、彼ら自身がいちばん理にかなっていると思うやり方を選ぶ可能性があります。

つまり、指示を厳密に守るとは限らないのです。だからこそ、指示に厳密に従う必要がある場合は、その理由を説明することが大切になります。薬の飲み方をきちんと守らせるには、「この薬は必ず食間に服用してください。そうしないと、吐き気をもよおすことがあります」というように、理由の説明を必ず付け加えましょう。

クエスチョナーには理由が必要なのです。なぜ炭水化物を控えたほうがいいのか？　なぜ飛行機に乗ったら通路を歩いたほうがいいのか？　こういうことを主張する権力者を完全に信用していいのか？　信用できると思えば彼らは主張に従い、信用できなければ従いません。

クエスチョナーは自分が理にかなっていると思うことだけをします。だから、自分に合うと思うやり方にカスタマイズするのです。クエスチョナーの友人の例を紹介しましょう。

2型糖尿病と診断されたとき、ガールフレンドは僕が食事制限に苦労すると思ったみたいだが、ちゃんとできると僕にはわかっていた。一緒に診察室で話を聞いていた彼女は、僕が次々に質問するのを見て、指示を守る気がないと思ったのだろうね。質問したのは事実を知る必要があったからだ。

僕は一度こうと決めたことは必ず守る。でも、医師には正直に言ったよ。「食事制限は守るつもりですが、ビールは週に6杯飲みます。それは譲りません」ってね。

クエスチョナー特有のこの「変人要素」は（言い方は悪いですが、専門家でもない一個人が勝手に結論を出すことを表現する言葉がほかに浮かばないのです）、健康面でよく見受けられます。彼らはおそらく、高度なリサーチ力で怪しいウェブサイトを発見し、その記事に納得して自分流のやり方を編み出してしまうのでしょう。

また、体調不良の原因やその治療法について、独自の理論を打ち立てることもあります。私が見た限りでは、この場合、医療の専門家は患者が創作した理論を無視し、いずれ専門家の意見を受け入れるだろうと期待して、独自の見解を繰り返すことしかしません。

ですが、それではクエスチョナーを説得することはまず無理だと思っていいでしょう。それよりも、患者の理論をきちんと受け止め、専門家としてその理論を認められない理由を説明するほうがよほど効果があります。

友人の夫がガンだと判明したとき、クエスチョナーの彼は、妻や医師の反対を押し切って自分の治療は自分で決めると言い出しました。友人と医師は彼に対し、「なぜガンの専門チームより自分のほうが詳しいと思うのか?」と繰り返し問いただしたそうです。しかし彼は、独自に行った調査で独自の結論に達していて、その結論が彼にとってはどんな専門家の意見よりも信用できるものだったのです。

彼の考えを覆させるには、ただ「医師の言うことがきけないのか?」と繰り返すのではなく、彼が信頼性があると判断した事実や理由を精査するとともに、医師が勧める治療法の根拠や理由を示したほうがよかったと言えます。

治療に限らずどんな分野においても、クエスチョナーに何かを実行してもらいたいときは、

「とにかくやってみて。これは実験だから。効果があれば続けて、なかったら別のことをやってみればいい」と言い聞かせるといいでしょう。

こういう言い方をすれば、**情報を集めて自分流のやり方を見いだしたがるクエスチョナーは関心を向けてくれるはずです。**また、彼らが手本にしたいと思う人物もやっているとわかれば、「彼に効果があるなら、私にも効果があるかもしれない」と考えて、自分もやってみようと思うかもしれません。

20 「問題を発見する力」を生かそう

傾向と職業の話になると、「私はジャーナリストだから、クエスチョナーに決まっている」とか、「クエスチョナーは科学者になる人が多いのではないか」といった発言をよく耳にします。

でもそれは違います。**ほとんどの仕事は、どの傾向の持ち主にも問題なく務まるのです。**なぜなら、ひとつの職業の成功には、実に多くの要素が関係するから。傾向はしょせん期待に対する反応の仕方を表すものでしかなく、才能、性格、知性、関心などはそこに含まれていません。

私の友人に、とても分析に長けた優秀な医師がいます。リサーチ好きで、さまざまなことを質問しますが、彼女の傾向はオブライジャー（義務を果たす人）です。期待に応えるとなると、外からの期待には率先して応えても、自分で自分に課す期待にはなかなか応えられないからです。

とはいえ、クエスチョナーが情報や分析を好むのは確かなので、**リサーチが重視される環境で成功しやすいとは言えるでしょう。また、彼らはシステムの改善も進んで引き受けます。**

そんなクエスチョナーの例を紹介します。

> 私は大手多国籍企業の内部監査人として、20年にわたって社内でとられている方法が採用されている理由について尋ね、絶えずより良い方法を模索してきました。
> 特定のやり方を勧めるときは必ず時間をかけて説明し、またほかの人たちの意見につねに耳を傾けてきたおかげで、みな敬意を持って接してくれます。私が別の傾向だったら、この仕事でここまで成功できたとは思えません。

クエスチョナー特有の、理由や説明を大事にする気質が役立つ職業はたくさんあります。

もうひとつ例を紹介します。

私は小さな地方自治体の土地活用プランナーで、主に新規開発を扱っています。開発企画が自治体のルール（建物の面積、高さ、道路からの距離など）に即しているかの確認も仕事に含まれますが、独自の判断や解釈に委ねられることが多いのが現状です。

この傾向のおかげで、デベロッパーとのやりとりに苦労は感じません。私は開発現場で実行可能なことしか求めませんし、コストがかかる理由もちゃんと説明できますから。

一方、アップホルダーの同僚は、適用の可否にかかわらずルールにとらわれてしまうため、デベロッパー、上司、市議会と衝突することが多々あります。

クエスチョナーには、質問することが奨励されていて質問を歓迎される環境や、質問されることへの耐性が高い人たちがいる職場が適しているでしょう。一方、「言われたとおりにしろ」や「ずっとこのやり方だから」といったことを口にする人がいる職場は適しません。可能であれば、絶えず質問する姿勢に対して、「自分を見下している」「協力する気がない」「邪魔になる」とみなす上司や同僚からは距離をとるべきです。

クエスチョナーから次のような体験談が届きました。

「私の上司は、全員にチームの一員となることを求めました。私もチームの一員として、最善のやり方で最高の働きができるようにしようと努めました。ところが、何か尋ねるたびに、上司はチームの一員になるつもりがないとみなすばかりでした」

自分が行動する理由を知りたいと思うことから、フリーランスになりたいと思うクエスチョナーもいるでしょう。そうすれば、リサーチも決断も自分の思うようにできます。

クエスチョナーは、必然性のないこと、合理的でないこと、効率の悪いことをとにかく嫌います。ですから、クエスチョナーがどのキャリアを選ぶにせよ、そういう状況が生まれそうな職種は避けたほうが無難かもしれません。また、調査を切り上げられないタイプのクエスチョナーは、期限が設けられている仕事や、調査に対してある種の制約となってくれる上司や同僚のいる職場が向いているとも言えます。

まとめ

クエスチョナーとのつきあい方を知る

クエスチョナーは、どんな期待にも疑問を抱き、自分が正当だと判断した期待にだけ応えようとする。そのため、結果的に内なる期待にしか応えなくなる可能性が高い。

理由、調査、情報を重視する。

情報や理由にもとづいて判断を下すが、ときには自分以外の誰かにとって重要だからという理由で期待に応えることもある。

いわゆる「権威」の助言に従うのは、その機関や人の専門知識を信用できると思ったときだけである。

独自の判断に従い、ときには自分よりも専門知識がある（とされている）人の意見より独自の判断を優先する。

絶えず疑問を口にするため、協力する意思がない、反抗的だと誤解されやすい。

必然性のないことをとにかく嫌う（例：試着室への持ち込みは5点までというルール）。

自分に質問されることは嫌う。慎重に考えた末に行動をとっているつもりなので、自分の決断の正当性を尋ねられることを嫌がり、侮辱と受け止めることすらある。

周囲の行動が十分な根拠にもとづいているかどうか疑わしいと思っているため、他者に決断を委ねたがらない。

6章

「義務を果たす人」はこう動く

～何をおいても人のためになることがやりたい～

4つの傾向

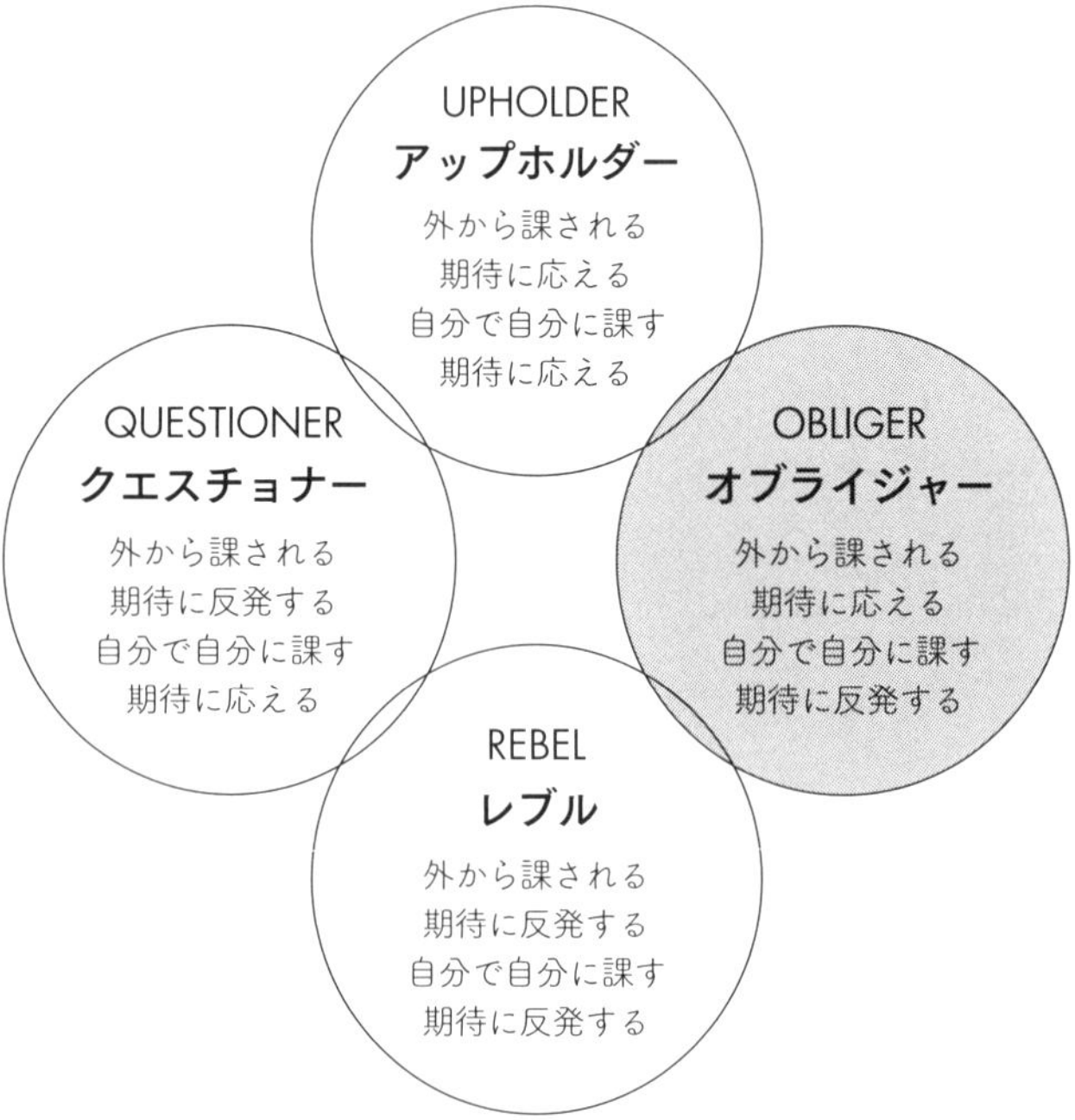
UPHOLDER
アップホルダー
外から課される
期待に応える
自分で自分に課す
期待に応える
QUESTIONER
クエスチョナー
外から課される
期待に反発する
自分で自分に課す
期待に応える
OBLIGER
オブライジャー
外から課される
期待に応える
自分で自分に課す
期待に反発する
REBEL
レブル
外から課される
期待に反発する
自分で自分に課す
期待に反発する

日常生活では、さまざまな期待に直面します。外から課される期待もあれば、自分で自分に課す期待もあります。

オブライジャー（義務を果たす人）は、誰かによって課された「外からの期待」には進んで応えますが、自分自身がやり遂げたいと思う「内なる期待」に応えることには苦労します。

私はオブライジャーという傾向を特定したことで、友人が何気なく口にした「高校の陸上部の練習は一度も休まなかったのに、なぜ今は走れないのか」という疑問の答えがようやくわかりました。彼女が練習に来ると期待していたコーチやチームメイトがいた（外からの期待がかかっていた）ときは、彼女は何の問題もなく練習に参加できたのですが、彼女自身が課す期待だけでは、走ることを習慣にできなくなったのです。

このように、オブライジャーは誰か（何か）から課された責任を果たそうとすることから、朝目覚めたら「今日しないといけないことは何だ？　誰に何を頼まれていたっけ？」と考えます。上司、クライアント、家族、医師、コーチ、所属するグループ、同僚など、外から期待が課されれば、それを果たそうと行動を起こすのです。

オブライジャーはほとんどの場合、期限を設けられれば間に合わせ、約束すれば守り、何か頼まれればやり遂げることができます。

ところが、自分自身のためとなるとそうはいきません。オブライジャーにとって、**「内な**

る期待」は難問なのです。運動したい、オンラインコースを受講したい、起業したいなど、どれほどシンプルな期待を自分に課したとしても、ほぼ間違いなく失敗します。オブライジャーの人にとってはつらいと思いますが、それが現実なのです。

ですが幸い、解決策は簡単に見つかります。

どうすればオブライジャーは内なる期待に応えられるようになるのか？　**それは、内なる期待に対して、外からの責任を生み出せばいいのです。**外からの責任がないと達成できないということさえ自覚すれば、自分で簡単に解決できるはずです。

自分の傾向を知って得るものがもっとも多いのはオブライジャーだと思います。

4つの傾向というフレームワークは、自らの言動を分析する方法や、自分の望む方向に変わる方法を教えてくれますが、ほかの3つの傾向以上にオブライジャーの役に立ちます（身近にいるオブライジャーとのより良いつきあい方を学ぶうえでも役に立ちます）。

これはとても大事なことです。何といってもオブライジャーは、4つの傾向の中で男女を問わずもっとも人数が多いのですから。

21 人のために動くことが自分のためになる

オブライジャーは社会を支えています。職場や家庭をはじめとするあらゆる場面でもっとも人数が多く、ほかのどの傾向よりもいちばん頼りにされるのが彼らです。

期待される場に確実に現れ、クライアントからの深夜の電話に応答し、期限に間に合わせ、自らの責任を全うします。また、進んで手助けを申し出て周囲を助けることも得意です（でも、あるタイミングからこうした行動をとらなくなるのですが、それについてはのちほど詳述します）。

職場でも家庭でも、いちばん貢献しているのはオブライジャーだと言ってもいいでしょう。

私が4つの傾向についての講演の準備をしているときに、普段はスライドを使わないのですが、講演の主催者からスライドを使って話してもらえないかと頼まれたことがあります。

私は正直に、「スライドのつくり方を知らないんです」と打ち明けました。

するとその主催者の男性は「では、文章を送ってください。こちらで作成します」と申し出てくれました。

「はあ……」と言う私の返答には、相手に対する疑いの響きがはっきりと含まれていたと思います。

でも、「私はオブライジャーですよ」と彼が付け加えたことで、私の態度は一変しました。「まあ、そうでしたか。ではお言葉に甘えます。金曜日までにスライドを送ってもらえます？」

そして「任せてください」と彼が答えると、ふたりで同時に笑い出しました。

オブライジャーは、他者の要求や他者が設定した期限に応じるのが得意です。他者に対する義務を自分から引き受けるので、リーダー、チームの一員、友人、家族の一員のどの立場でもしっかりと役割を果たすことができます。**どんなコミュニティでも、主力となるのはオブライジャーです。**「自分より○○（患者、クライアント、リサーチチーム、家族などが入る）を優先する」というのが彼らの口ぐせと言ってもいいでしょう。

そして、**ほかの3つの傾向といちばんうまくやっていけるのもオブライジャーです。**

外から責任が課されても、オブライジャーはそれを制約と受け止めたり、自分への苛立ちのようなものを感じたりしません。職場など、外からの責任が課される場面は数多くあります。外から課される期待と、彼らが自分で自分に課す期待が一致すれば、オブライジャーは自分が望む人生を送れるようになるのです。

私の母がまさにそうでした。母はオブライジャーで、自分で意識したり偶然の助けを借りたりしながら外からの責任を見つけては、母にとって大事なことを成し遂げています。たとえば、隣に暮らす友人とウォーキングの約束をすることで、もう何年も定期的な運動を続けています。本を読むために、読書会のメンバーになったりもしています。

母のようなタイプのオブライジャーは、やりたいと心に思ったことをあまり苦労なくできるので、内なる期待に応えられない苦しみをほとんど味わうことがないでしょう（こうした苦しみの存在にすら気づいていないかもしれません）。

22 責任を与えてくれる人のそばにいたい

オブライジャーは、胸の内でどれほど強く望んでいても、何らかの形で外からの責任が生まれない限り、その望みを実行に移せません。

サンプル調査でも、オブライジャーの3分の2以上が「**他者のためなら時間はつくれても、自分のためにはつくれない**」――自分に苛立ちを感じることが多いと答えています。

こうした理由から、オブライジャーは、博士号の論文や売り込み用の脚本を書く、交流イベントに参加する、愛車を点検に出すことをはじめ、ときにはマッサージをしてもらうことにすらモチベーションが生まれず苦労することがあるようです。

いつか起業したい、そろそろ転職したい、ファストフードを断ちたいといった望みを抱いていれば、それを実現できない自分に大きな苛立ちを感じることでしょう。

オブライジャーのひとりから、そうしたオブライジャー気質を総括する言葉が届きました。

「自分自身との約束は破ってもいい。絶対に破ってはいけないのは、自分以外の誰かとの約束だ」

オブライジャーは外からの責任を糧に、外からの期待、内なる期待の両方に応えようとします。そのため、責任がなかったら、応えるのに苦労します。

ただし、**外からの期待が重すぎると感じたとき、「反乱」を起こすことがあります**。オブライジャーが外からの期待に次から次へと応えていると思ったら、あるとき突然ストップがかかり、期待に応えようとしなくなることがあるのです。このようなオブライジャーの反乱は、小さいけれど印象に残るものもあれば、大きく破壊的なものもあります。

オブライジャーとつきあうには、外からの責任を与えるだけではなく、その責任が反乱の引き金とならないように警戒することも必要です。

23 ひとりでは何も実行できない

では、内なる期待に応えることを苦手とするオブライジャーは、どうすればそれに応えられるようになるのでしょうか？　少なくとも理論上においては、答えは明白かつ簡単です。オブライジャーが内なる期待に応えるカギとなるのは、**外に対する責任が生まれる仕組み**です。彼らは、監督者、延滞料、期限、経過観察、（やらないことで生まれる）不本意な結果など、外に対する責任感が生まれる何かがないと、自分で自分にした約束を守ることができません。外に対して責任があるかどうかは、オブライジャーに必須の要素なのです。

だから、オブライジャーもオブライジャーが身近にいる人も、**オブライジャーが自分で自分を鼓舞したり、状況から判断して自分を納得させたりすると思ってはいけません**。彼らには外に対する責任が絶対に必要なのです。

このことを自覚すれば、外からの責任を進んで取り入れられるようになるでしょう。読者からのコメントを紹介します。

自分のためになる習慣はなかなか身につけられないのですが、週末はほぼ、姉や兄が夫婦で過ごせるようにと、どちらかの子どもの面倒を見ることになっていて（姉には5人、兄には6人子どもがいます）、そのたびに、睡眠、食事、礼拝があと回しになります。そんな日々が続くうちに、甥や姪の面倒をみることが習慣として簡単に定着したのはなぜかと考えるようになりました。

似たようなことが若いころにもありました。21歳のとき、教会（モルモン教）の18か月の布教活動に参加したときのことです。この活動では全員が相棒をつくり、24時間ずっと相棒と行動をともにするという独特のルールがありました。つねに相棒の視界に入っていなければならないのです。

活動中のスケジュールは厳しく、起床してひとりまたは相棒と学習や祈りを行い、運動し、支度して、午前9時30分~午後9時30分まで布教活動を行いました。私はその生活にすっかり溶け込みました。

誰かと行動をともにすれば、自動的に関わりが生まれます。しかも、同じ時間に同じ行動を期待される生活には相手に対する責任と観察が組み込まれていました。

おかげでその間は、睡眠、食事、祈り、運動、布教活動を規則正しく行うことができましたが、自宅に戻った途端に維持できなくなりました。以来、「同じ目標を持って同じことを同時に行う人とずっと一緒にいる生活に戻りたい」としょっちゅう思うようになりました。

先週は来客があったので、早起きし、食事をつくり、さまざまな家事をきちんとこなしました。今朝お客が帰ると、私はうっとりとキッチンを眺めました、この数日あれだけ料理をしたにもかかわらず、きれいに片づいていたからです。それから昼食をつくったのですが、片づけはしませんでした。そしてそのときに、「どうせ私しかいないんだし」と思っている自分に気がついたのです。そこで、「もう少ししたら甥や姪が来る」と思い込むようにしたところ、キッチンを片づけることができました。

さて、オブライジャーが自分のために行動できるようになるための秘訣は何かおわかりでしょうか？ **自分に適した責任を選ぶことです。何に対して責任感が生まれるかは、同じオブライジャーでも人によって大きく異なります。**

たとえば、ささいなことでも責任感が生まれるオブライジャーもいます。そういう人は、自動で送るように設定したリマインドメールや、やることリストの未達成の項目を強調して表示するアプリ、健康管理や運動促進を助けてくれると話題のフィットビットを活用するだけで十分かもしれません。

一方で、自分以外の誰かに実際に影響が及ばなければ、責任感が生まれないという人もいます。

コメントをひとつ紹介しましょう。「甘いものを控えていると周囲に宣言したおかげで、人がいる場所では甘いものをラクに避けられるようになりました。唯一誘惑に負けたのは、思いがけず家でひとりきりになってしまったときだけです」

アップホルダー（約束を守る人）、クエスチョナー（疑問を持つ人）、レブル（抵抗する人）なら、家に誰もいなくても問題なかったでしょうが、このオブライジャーにとっては、自分との約束を守るのに人がいるかどうかは欠かせない要素だったのです。

また、自分に効果のある方法とそうでない方法について調べたオブライジャーもいます。


外に対する責任が重要だと知ってから、自宅でトレーニングすることをやめて（そもそもほとんどやっていませんでしたが）、ジムに入会しました。

このジムはオンラインでクラスの参加申し込みをすることになっていて、開始時間を2時間切ってからキャンセルしたら、キャンセル料として5ドル支払わないといけません。

ただ、私の場合はなぜか、5ドルがもったいないというよりも、私で埋まるはずだった場所に穴を開けたくないという気持ちのほうが強いです。

この例にもあるように、お金がムダになるという思いが抑止力にならないオブライジャーは驚くほどたくさんいます。友人のオブライジャーも、「ヨガにずっと興味があって、もう何年も教室に通いたいと思っていたの。ようやく入会したんだけど、1回しか行かなかった。おかげでその1回は、300ドルのヨガ教室になったわ」と言っていました。そういうオブライジャーたちはたぶん、自分のお金だから、ムダにしてはいけない責任が自分にあるとは考えないのでしょう。ムダになるのが他者のお金なら、責任感を抱くかもしれません。

もちろん、外に対する責任を自ら生み出せるオブライジャーもいます。そういう人は、やることリスト、カレンダー、電話のリマインダー機能などを使います。そうやって自分の内なる期待に応えているので、表面的にはアップホルダーと変わらないように見えるかもしれません。ですが、オブライジャーにとって、何かをやるために課す期待は、外から課されるものと同じなのです。

想像力豊かなオブライジャーなら、自分を第三者に見立てることで、外からの責任を生み出すこともできます。オブライジャーの友人は、「今は、自分のためになることをやろうという気持ちはない。でも、未来の自分に苦労させることには罪悪感がある。ジムに行くのは大嫌いでも、未来の私はきっと、計画どおりに運動してほしいと願っている。今の自分は運動は大嫌いなんだけどね」と言っていました。

しかし、こんなふうに外に対する責任を自ら生み出せるオブライジャーは少数派です。やはりオブライジャーには、実際に責任が生まれる何らかの仕組みが必要です。要は、**責任を実感できるものが必要だということです。**オブライジャーの意見を紹介します。

私に「偽物の」責任はほとんど意味がありません。目標を達成させるために何らかの責任を誰かから課されたところで、実際に義務があるわけではないと思ってしまうのです。

博士論文に取り組んでいたとき、論文のアドバイザーが頻繁に進捗を確認してくれましたが、あまり進展しませんでした。私もアドバイザーも遅れていることはわかっていて、アドバイザーは残念がっていましたが、私の遅れが彼女のキャリアに影響することはありません。影響を受けるのは私だけです。

結局、同じように捗らずに苦しんでいるクラスメイトを見つけたことだけが、作成を進める助けとなりました。ふたりで互いの進捗に責任を持つようにしたのです。私が責任を放棄したり、一緒に作業する場に現れなければ、相手の私に対する責任が損なわれ、相手の作業も止まるとわかっていましたから。

ほかにはどんな責任の生み出し方があるでしょうか？　たとえば、内向的なオブライジャーは、アプリやメールでやりとりする有料コーチといった、人と直接会わない形の責任を好んだりします。

また、何らかの利益をもたらす責任のほうが効果を発揮する場合があります。リマインドが送られてきたり、監視されたりするのでは、追い立てられているような気分になり、それがオブライジャーの反乱の引き金となることがあるのです。そういう人には、**称賛、はげまし、応援といった形で責任感を持たせるほうがいいでしょう。**

オブライジャーのひとりは次のように話します。「何らかの責任を課してほしいと誰かに頼めば、その相手に自分の運命が握られるような気持ちになります。でも、思い切りハイタッチしようと言ってやってもらえれば、応援されているような気持ちになって力がわく。そういう意味では、はげましの言葉も同じです」

それでは、責任を生み出す具体的な方法をいくつか紹介します。

自分が責任を担うパートナーを見つけよう

クラスメイト、トレーナー、ライフアドバイザー、コーチ、医療関係者、先生、家族、友人など、責任を負う相手を見つけましょう。ダイエットプログラムに挑戦した人を対象にした調査では、責任を負うパートナーとともに取り組んだ人のほうが、ひとりで取り組んだ人

より減量した状態を維持できたと言います。(注4)

また、そのパートナーに子どもを選んだオブライイジャーもいます。「チェンジ・エージェント（変化を起こす触媒役）」となる訓練を受けさせた我が子をパートナーにしてダイエットに臨んだ母親は、そうしなかった母親に比べて体重の減少率が非常に高く、運動量も増えたそうです。(注5)

ですが、相手が軽い気持ちでパートナー役を引き受けた場合は、残念ながら長続きしない可能性があります。その人物が、興味を失う、別のことに気を取られる、もう協力したくないとなれば、どうすることもできません。

実際、「執筆活動をともにする友人から、ちっとも筆が進んでいないと言われると、私も書かなくていいような気持ちになる」とオブライイジャーの知り合いがこぼしていました。

また、パートナーにふさわしい相手を見つけても、その人が必ずしも協力的であるとは限りません。たとえば、アップホルダーは他者に責任を追わせることに消極的です。そんなアップホルダーのコメントを紹介しましょう。

夫がオブライイジャーで本当にイライラします。学生に戻りたい、新しい仕事を探したい、といったことを口にするのですが、ちっとも行動に移そうとしないのです。だからといって、夫をせっつくつもりはありません。だって、やりたいならやればいいだけの話じゃないですか。なぜやらないのでしょうね。せっつけば行動を起こそうとすることも、口うるさく言っても気にしないこともわかっていますが、そうするつもりはありません。

オブライジャーの夫は外からの責任を歓迎するでしょうが、肝心の妻にその気がないというわけです。

このように、信頼できるパートナーを友人や家族から見つけるのは難しいことが多いので、本気でパートナーを求めるならプロの力を借りることをお勧めします。

たとえばコーチ（仕事、健康、人生などの指南役となる人）を雇えば、具体的な目標を設定し、期限を設け、進捗を確認するという形で責任を与えてもらえます。彼らはそれを仕事としているので、途中でいなくなることは絶対にありません。もちろんお金はかかりますが、それによってこれまで気づかなかった能力が引き出されるかもしれません。

グループに所属して責任を分かち合う

プロを雇いたくもないし、素人のパートナーひとりに頼りたくもないという人は、グループに所属する、もしくは自分でグループを結成してもいいでしょう。友人、家族、同僚、共通の目標を持つ人などで集まって、互いに責任を分かち合うのです。

アルコール依存症者更生会、ウェイトウォッチャーズ、ロースクールの勉強会グループなどで実証されているように、共通の目標を持つ人が集まって直に交流すると、互いに責任が生まれるだけでなく、エネルギーやアイデアも分かち合えます。

こうした顔を突き合わせる交流は、オブライジャーに対してとても効果がありますが、現実的に難しければ、テクノロジーの力を借りることもできます。

互いに責任を分かち合えるプラットフォームやアプリ、オンライングループはたくさんあります。バーチャルになれば責任感の強度は弱まるかもしれませんが、利便性は高いです。

ただし、グループを自分で結成するときは注意が必要です。あるオブライジャーは次のように語っています。

「オブライジャーだと自覚する前は、グループの運営やとりまとめに人一倍労力を割くハメになることが多く、燃え尽きたり、反乱モードになったりしました。傾向によってグループに加入する理由も違うので、グループに参加する人についても気を配る必要があります」

クライアント、顧客、社員に対する責任をつくる

クライアントや顧客には責任が発生します。

「私は自分でポッドキャストを配信していて、その内容に即したオンライン研修コースをつくろうと思いながら先送りにしてきました。でも、前回の配信で研修コースをつくると発表し、先着25名の申込者は無料にすると宣言しました。それで実際に申し込みがあったので、いよいよ作成せざるをえなくなりました」とオブライジャーのひとりは言います。

また、読者から次のようなコメントも届きました。

「これまでは、部屋が片づいていないので家に人を呼びませんでした。そこで友人を招くことにしたら、片づけることができました。そうすればできるということはあなたの本を読む前からわかっていましたが、私はそれを『恥ずかしい動機づけ』だと思っていました。でも、『外からの責任』という呼び方は好きです。そちらのほうがずっと良いですね」

ほかにも、母親がオブライジャーだという友人から、運動するために母親がフィットネスインストラクターになったという話も聞きました。このように、責任を担う作戦の一環として、**やりたいことを仕事（ボランティアも含む）にする**オブライジャーはたくさんいます。

逆に、人を雇うことで責任を生み出すことも可能です。

実際、「私は保管庫周辺を掃除すべく、『ティーンエージャーを雇う作戦』を活用しています。彼らの手を借りて、延び延びになっている庭仕事などを片づけるのです」と言うオブライジャーがいます。ほかにも、「誰かを雇うとなれば日時を決める必要があるので、家族と一緒に行うより誰かを雇うほうが、作業を延期しづらくなります。それに、お金を払うので真剣味も増します」と言う人もいます。

「他者のため」と思い込む

オブライジャーは、自分のためにはできなくても他者のためとなれば行動を起こせることが多いので、ほかの誰かのためだと思えば目的を達成できるかもしれません。

実際、子どもを守らねばならないと気づいてようやく離婚に踏み切れたというオブライジャーを何人も知っています。

また、「会社の経理責任者としての責任感を生み出すべく、個人的にやりたいことを仕事に結びつけました。十分な睡眠をとれば良い仕事ができる。運動すればエネルギッシュになり、カイロプラクティックに費やす時間が少なくすむ、と言い聞かせています」と言う人もいます。

さらにこんな意見もあります。「フェミストにあるまじきことだとわかっていますが、恋人のために毎日ランチをつくっています。そして、ついでに自分にもつくります。彼からあてにされず自分だけのためだったら、この習慣は絶対に維持できません」

オブライジャーは、良い手本になろうとして期待に応えることもあります。おもしろい例を紹介しましょう。「我が家では、私が携帯電話を見ているあいだだけ、子どもたちも携帯電話を見ていいというルールを設けています」

他者のため――ひいては自分のため――となると、オブライジャーは実に巧妙なことを思いつきます。ある男性は、「妻は身体を動かすことが大好きで、私は好きではありません。そこで、私が運動した翌日しか妻は運動できないと取り決めました。そうすれば、妻の楽しみを奪うことに罪悪感が生まれるので」と言っていました。

ほかにもこんな例があります。「義妹とふたりで、身につけたい健康的な習慣をリストアップし、それらを行う計画を立て、計画どおりに実行したらスパに行くことになっています。ふたりともオブライジャーなので、自分が実行したら相手がスパに行ける、というところがポイントです。

私が実行しなければ、義妹がスパに行けなくなり、反対もまたしかり。私も彼女も自分を悲しませることはあっても、相手を悲しませるようなことは絶対にしません」

そして、未来に対しても責任を生み出すことができます。以前の私は「この日記は子どもたちのためにつけている。私がいなくなったあとのために」や、「この庭は子どもたちに残すために守っている」といった言葉を聞くたびに困惑しました。

父親が15年にわたってつけた日記を読みたい子どもはいないだろうし、大きな庭付きの家からいずれ子どもは巣立つのではないかと思ったからです。でも今は、オブライジャーは「子どものため」という名目で、価値あることを成し遂げているのだと理解しています。

期待に対して大きな重圧を感じていても、ノーと言えずにつらい思いをするオブライジャーがたくさんいます。このことを克服したいなら、**「誰かにノーと言うことは、別の誰かにイエスと言えるようになるということだ」と自分に言い聞かせるといいでしょう。**

友人がこんなことを言っていました。「私のチームはいつも遅くまで残って作業したがり、私はみんなのやる気を削ぎたくなかった。でも、家族との話し合いで、夕食には家族全員が揃ってほしいと思っていることがわかった。それからは、残業できないと言えるようになった。そうしないと、妻や子どもをがっかりさせることになるから」

また、多くの尊敬を集めるオブライジャーの教授も、講演の依頼を多すぎるくらいに引き受けていましたが、あるとき「この依頼を断れば、ほかの誰かに人前で話すチャンスが生まれる」と気づいたそうです。それからは、依頼の数に応じて断れるようになったと言います。

アップホルダーの私としては、「良い親／社員／友人になるには○○をする必要があると気づいた」といった言葉を聞くたびに、「そうじゃなくて、自分自身のためにやりなさいよ！」と思わずにはいられません。でも、**オブライジャーが誰かのために何かをすることは、自分のための行動につながるのです。**

人のものを借りてみる

責任を必要とするオブライジャーの中には、一風変わった方法を思いつく人がいます。本のトークショーを終えたあと、若い男性が私のところへやってきてこう言いました。

「友人と一緒に運動しているのですが、トレーニングが終わるたびに、互いのスニーカーを片方だけ交換するんです。そうすれば、私がトレーニングに行かなければ友人もトレーニングできなくなりますから」

また、私のお気に入りの例なのですが、「早起きしたいけどひとり暮らしなので、毎晩恥ずかしい記事を作成し、投稿の予約ができるアプリを使って翌朝8時に投稿されるように設定することにしました。それより前に起きないと設定を解除できないので、早起きせざるをえません」と言う人もいます。

このように、**応えたい期待がどういうものであれ、性格がどういうものであれ、外からの責任を生み出す方法はいくらでもあります。**

音楽の教師をしているという人から次のようなコメントをもらいました。「オブライジャーの音大生が練習をコツコツ続けられるようになるためのアイデアならたくさんあります。バンドやオーケストラに参加する（カルテットのバスクラリネットなど、特殊なパートを担う学生にとくに効果的）、楽器をやっている子どもを指導する、誰かとペアを組んでセッションで練習する日を設ける（自分が練習に行かなければ、相手も練習できなくなる状況をつくる）、恋人に協力してもらい、練習しなかったら恋人と一緒にしたいことができないという取り決めを結ぶ、などです」

大事なことなので、ここでもう一度繰り返しておきます。**オブライジャーが内なる期待に応えるには、何らかの形で外から責任を課されるようにする必要があるのです。**

リリアン・ロスの回顧録『「ニューヨーカー」とわたし』を読むと、雑誌「ザ・ニューヨーカー」の伝説的な編集長として知られるウィリアム・ショーンがオブライジャーであることがはっきりと見て取れます。

ショーンは編集長として精力的に活動し、多くの尊敬を集めました。妻と3人の子どもとともに暮らしていましたが、それと同時に40年にわたって、妻の承知のもとロスとも家庭を持っていました。

傍から見れば、ショーンは望みどおりの人生を手に入れていたように思えます。しかし、ロスによると、編集長としての立場がショーンの足かせになっていたそうです。

本当は自分も書き手になりたかったのに、編集長でいつづけなければならないという思いにとらわれていた彼は、「この雑誌を存続させられる人はほかにいなかった。ここにいるみんなを見捨てることはできなかった」と言い、折に触れて、「他人の人生を生きているみたいだ」とロスに語っていたそうです。

ショーンはロスと熱烈に愛し合っていたにもかかわらず、ふたつの家庭を行き来しました。これについてロスはこう記しています。「セシルと別れられないという彼の言い分に、私は納得していた。（中略）セシルは何があっても彼にそばにいてほしかったのだ」

オブライジャーのショーンが彼の望むとおりの人生を構築する方法はあったのでしょうか？　どこかの編集者と本の執筆契約を結んでいたら、締切と責任が生まれるので、彼自身も執筆に取り組んだかもしれません。自分に向かって「編集部員たちに力を証明するチャンスを与えるべきだ」と言い聞かせることができたら、編集長の権限をほかの部員にいくらか譲ったかもしれません。ロスに「妻と別れるには君の協力が必要だ」と言っていたら、ふたりで協力して離婚を成立させられたかもしれません。

24 責任がなくなると倒れる

外からの責任について調べていると、「軍のような権威主義の機関は、自分に命令を下す自制という心の構造を排除させている」という議論がよく目につきました。

たとえば、詩人のスティーヴン・スペンダーは自伝『世界の中の世界』においてこう述べています。「ほとんどの兵士に言えることだが、軍隊に鍛《きた》えられると、兵士に備わっていたであろう自制の力が失われる。軍の外に出ると、意思や目的が欠落しているように見える。それもそうだろう。罰や訓練を通じて、そうなるように仕向けられたのだから」

スペンダーは誤解していると私は思います。組織を通じて外からの責任を大量に与えられたからといって、オブライジャーの自制力は損なわれません。ただ単に、外からの責任を生み出す仕組みを独自につくる必要がなくなるだけです。

ふだんの生活の中で、何らかの責任を課されないと成功できないと自覚しているオブライジャーは大勢います。でも、組織から責任が課されれば、自分で責任を見つける必要はなくなる。そして組織から課される責任という名の期待から解放されたとき、どうしていいかわからなくなるのです。

しっかりと制度化された外からの期待（職務、トレーニングプログラム、宗教上の慣例、学校などから課せられる責任）がなくなるのは、オブライジャーにとって危険なことかもしれません。外から責任が与えられる環境にいるときは、生産性が高く健康的な習慣が身についていても、そういう責任や期待がなくなれば、混乱するでしょう（そしてその理由は自分でもよくわからない)。

あるオブライジャーはこう話しています。「前の仕事では大人数のチームを率いていて、どんなことでもやり遂げられる男だと思われていました。ところが、独立して養う社員もなくひとりになった途端、やり遂げることが難しくなったのです」

また、教育機関で働く友人からこんな話を聞きました。「チャータースクール(公的教育規制を免除された学校)には、子どもがすべきこと、たとえば学校に着てくる服装や学習の進め方、時間の使い方なんかをこと細かに教えるところがある。そういう環境では優秀でも、大学に進学するとうまくいかなくなる子どももいる」

私はこう答えました。「原因はいろいろあると思うけど、オブライジャーの子どもは、大学に行くまでは責任を与えられる環境にあって、大学ではすべきことを誰も教えてくれないと感じることがある。それも原因のひとつじゃないかな」

あるいは、大学もうまくやれるが、卒業後にどうしていいかわからなくなるというケースも考えられます。「秋になったらメディカルスクールに願書を送ろう」「履歴書を送付しよう」「小説を書こう」「奨学金を申請しよう」などと計画していても、出席しないといけない講義、受けないといけない試験、稼がないといけない成績、満足させないといけない教授がなくなれば、計画に手をつけないかもしれません。

同様に、フルタイムの仕事を辞めてベンチャー企業を立ち上げた途端に何もできなくなる、離職して転職先を探すつもりだったのに探せない、子どもが巣立った途端に何もする気がおきなくなる、といったこともあるでしょう。

そういう人はどうすればいいのでしょうか?

答えはひとつ。**新しい外からの責任を見つければいいだけです。**

25 どれだけ時間があっても人のためでないと動けない

オブライジャーの中には、その傾向を美徳や強みと受け止めている人がいます。そういう人の多くは、「クライアントを優先」することを自分のいちばんの特徴にあげ、それを誇りに思っているのです。

あるオブライジャーは、私に向かってきっぱりとこう言いました。「何があってもクライアントを優先します。それによって優位に立てることにもなりますし。クライアントを優先するのが私であり、そういう人でいたいと思っています。私の元で働く人たちにも同じ姿勢を持ってほしいですね」

ほかにもこんな意見を聞きました。「私は自分のことを『解決人』として優秀だと思っています。会社や同僚、クライアントに対する自分の責任は極めて神聖なもので、自分自身のニーズより絶対に大事ですから」

このような姿勢は、職場に限らず家庭でも広く見受けられるように思います。実際、満足げな様子で「家族のニーズが最初にきます。どんなときも」と口にするオブライジャーをたくさん見てきました。

オブライジャーの傾向を快く思っている人が大勢いるのは確かですが、その反面、ほかの傾向だったら良かったのにと口にするのがいちばん多いのもオブライジャーだったりします。

それはなぜなのでしょうか？

オブライジャー以外の3つの傾向の場合、彼らがつくりだすストレスのほとんどは、つくりだした本人ではなく周囲にふりかかります。口うるさいアップホルダー、尋問のように問いただすクエスチョナー、我が道を行くレブルにイライラすることはあっても、その元凶は相手にある。ですが、**オブライジャーの場合は、自分の傾向の欠点に自分がつらい思いをすることになります**。他者のためになることはできるのに自分のためには行動できないという事実に苦しむのです。

オブライジャーのひとりから次のようなコメントが届きました。「仕事で何かをやり遂げることは問題なくできますし、友人に対してもつねに協力的な姿勢を忘れません。でも、一日の終わりに『夢の実現に向けて今日は何をしたか？』と自問すると、残念ながら答えはいつも『何ひとつしていない』となります」

オブライジャーの中には、内なる期待に応えるには外からの責任がカギだというアドバイスを聞いて、わかりやすい解決策が見つかったと安堵するどころか、外からの責任に頼らないといけないことに憤りを覚える人もいます。

4つの傾向についての講演をしていたとき、ひとりのオブライジャーから次のような質問を受けました。「オブライジャーはアップホルダーになれないのですか？ 自分がやりたいと思う、自分で自分に課す期待に応えられるようにはなりたいですが、外からの責任に頼りたくありません。自分が弱い人間に思えてしまいます」

私は慎重に考えてこう答えました。「仮になれるとしても、人間性の土台を成す部分を変えるのはとても難しいと思います。でも、外からの責任を自分に与える方法はすごく簡単に見つかります。ですから、**簡単なほうを選んではどうですか？**」

傾向の欠点ばかり気にするのではなく、欠点も含め、自分らしいバランスをとる道を探すこともできます。

同じ行動でも、どう解釈するかは人によって違います。つまり、どういうものの見方をするかで解釈は変わるのです。

「私は理想の体重より10キロ太っていますが、運動をしたことはありません。歯医者に行かないとマズイ状態ですが、会社の仕事を何ひとつなおざりにしたこともありません。また、つねに家族に寄り添う、良き夫であり良き父親でもあります。こんな自分にとても満足しています」と言う人もいれば、「会社の仕事をなおざりにしたことは一度もなく、妻として、母として、つねに家族のそばにいます。でも、理想の体重より10キロ重いのに運動はいっさいしませんし、歯医者にも行っていません。そんな自分が本当に嫌です」と言う人もいます。

自身の傾向を受け入れるにせよ、残念に思うにせよ、自分の行動パターンを誤って解釈しているオブライジャーは多いように思います。外からの期待には応えても内なる期待には応えようとしないところがあるとわかっても、そうなる理由を間違えているのです。

たとえば、内なる期待に応えようとしないのは、外からの期待に応えることに夢中になるせいだと考えるオブライジャーがいます。

「クライアントのためにできることがあれば、自分のために行動を起こすことはできません。そしてどんなときも、クライアントのためにできることはあるんです」

外からの期待に何としても応える自分を誇らしく思っているオブライジャーもいます。

上司がオブライジャーだという読者から次のようなコメントが届きました。

「私の上司は医師から入院するように言われたのですが、背骨の手術を終えると退院し、夜の会食に出席していました。彼女はいつもそんな感じです」

自分のために行動できないことを、自己犠牲とみなすオブライジャーもいます。そういう人は、「いつも自分を犠牲にして、ほかの人のことを優先してしまう」「自分のための時間がとれない」「もっと自分勝手になれとよく言われる」といったことを口にします。

ほかにもおそらく、自己肯定感が低い、モチベーションが低い、性格的に問題があるといった理由をあげるオブライジャーもいるでしょう。

昇進に必要となるコースの受講を先送りにしている友人が、「僕が怠け者だから」と私に言ったときのことです。「それは違う！」と私は反論しました。

「あなたはどの締切も必ず守る。ジョギングクラブの運営もしている。そうよね？」

「まあ、そうだけど」彼はためらいがちに認めました。

「そんなあなたが怠け者のはずがない。問題は別にある」

オブライジャーが自分のために行動を起こせないのは、**自己犠牲の精神、自己肯定感の低さ、モチベーションの低さ、人を喜ばせたがる性格、自制心の問題ではありません。**繰り返しになりますが、それは**外からの責任があれば解決すること**なのです。

誤解をしているオブライジャーは、同じ過ちを犯してしまうでしょう。ときには深刻な過ちにつながることもあります。

彼らは、厄介な外からの期待（例：骨の折れる仕事）さえなくなれば、自分のための時間が簡単につくれるようになると思っているようですが、その思い込みは危険です。

ほとんどの場合、たとえ厄介な外からの期待がなかったとしても、**何らかの形で外からの責任を生み出さない限り、内なる期待に応えられるようにはなりません。**

実際、知り合いのオブライジャーも、「自分自身の目標のために人生から何かを取り除こうとしても、オブライジャーには意味がない。私は長年にわたってそれで失敗してきた」と言っていました。

外からの責任が必要だということを、オブライジャーは自覚してください。

内なる期待に応えられるようになると見込んで思い切って何かを変えたところで、結局は応えられるようにならないのです。読者から届いた例を紹介します。

私は博士号を取得しましたが（取得できたのはオブライジャー気質によるところが大きいです）、誰かにとっては重要でも自分にはそうでないことについて5年も論文を書きつづけたことで燃え尽きてしまい、自分と自分の目標のための時間をとろうと決意しました。主に、体重を落とす、2作目の本を執筆する、ブログを始める、救援活動に取り組む、自宅の修理を終わらせることが目的です。

でも今のところ、本の執筆とブログはまだ始めておらず、体重は6キロ増えました。救援活動についても、近いうちに取り組むことはあきらめました。でも、自宅の修理だけはかなり順調に進んでいます。進み具合を目にすることを、夫がどれほど楽しみにしているか知っていますから。

この読者と非常によく似た経験を退職後にした男性の例も紹介しましょう。

公職を25年にわたってつつがなく務め、妻とともにふたりの娘を育て上げた私は、退職後の人生を本当に楽しみにしていました。これでようやく、自分の興味のままに行動できるようになるのですから。楽しみすぎて、退職金の一部を犠牲にして退職を5年早めたほどです。

ところが仕事がなくなった途端、楽しみにしていたことをやりたいというモチベーションが生まれなくなりました。講座に参加したいとも、ジムに行きたいとも、家の修繕を終わらせたいとも思えなかったのです。

それでもひとつだけできたことがあります。ハイキングのクラブに加入し、水曜日と土曜日の午前中はほとんどハイキングに出かけるようになりました。

今なら、これは外から課された期待なのだとわかります。待っている人がいるからこそ、前日の夜に準備をし、朝7時に玄関を出ることができるのです。

とはいえ、ほかの個人的な目標で何度も失敗してきたせいで、私は自分に対して失望しはじめていました。4つの傾向を知って、どんなにほっとしたことか。これでようやく、自分がやりたいと思うことを実行に移す方法を見つけることができそうです。


オブライジャーの人から「私たちオブライジャーは、自分よりほかの人のほうを気にかけている」と言われたとき、私は「そうじゃない！」と叫びたい気持ちを必死に押し殺し、努めて冷静にこう言います。「ほかの人のほうを気にかけているから、自分のために使う時間やエネルギーがなくなるのだとは思いません。実際は、外からの期待には応えても、内なる期待には応えようとしないのです。それはまったく違います」

オブライジャーという傾向に見受けられるパターンの真実を理解すれば、強みを生かし、弱みを埋め合わせる方法が見つかります。

あるオブライジャーは次のように語りました。「自分はオブライジャーだとわかったので、持って生まれたものに抗おうとせず、この傾向が導くままに任せようと思います」

26 身近な人の期待を裏切りがち

オブライジャーは外からの期待には対応し、内なる期待に応えることには苦労しますが、**この2種類の期待の線引きをどこにするかは人によって違います。**また、家族と一緒にいるかどうかという状況によっても、その線引きが変わることがあります。

たとえば、配偶者などの家族を自分の一部ととらえているオブライジャーは多く、**配偶者からの期待が「内なる期待」となって無視されることがあるのです。**

そんなオブライジャーに対し、クエスチョナーの読者から苛立ちの声が届きました。「夫は私のことも自分と同じようにぞんざいに扱おうとします。冗談ではなく本当に、夫のこと、そして私のことも、もっと大切にしてほしいです」

妹のエリザベスもこんなことを言っていました。「小切手を送ってほしいといった用事をオブライジャーである夫のアダムに頼むときは、私の言葉ではなくて、届いた依頼のメールをそのまま転送してる。外からの依頼のほうが、行動に移しやすいみたいだから」

また、状況によって、家族からの期待が「内なるもの」にも「外のもの」にもなることがあるようです。優しい父親でもあるオブライジャーの友人は、日ごろから子どもに対する責任を外からの期待の一種とみなし、率先して応えるようにしています。でも、彼はクライアントを抱える仕事に就いていて、仕事と家庭が衝突したときはクライアントを優先するのです。つまり、クライアントをより「外」とみなしているというわけです。

このように、内なる期待と外からの期待の線引きが変わることがあるせいで、結婚生活に問題が生じている夫婦もいます。読者の例を紹介します。

私はオブライジャーです。私と夫に加えてほかの誰かが一緒にいると、夫婦ゲンカが始まります。私は夫以外の人が一緒だと、どうしても夫ではなくその人の望みを優先してしまいます。どんな気まぐれも聞き入れてもらえることに慣れている夫は、私の変化にとまどいを覚えるのです。それに、ほかの人といるときは、夫の扱いは私と同列になります。たとえば、ほかの夫婦と一緒にいると、その夫婦が求めていることや欲していることを優先し、夫の要求をあと回しにします。そうしてケンカが始まるわけですが、根本的な原因について話し合ったことは一度もありません。

また、家族の要望を「内なる期待」とみなしているオブライジャーの場合は、外からの責任を生み出すのに家族を活用してもあまり効果はありません。

仕事で大きな成功を収めているオブライジャーの男性の話を紹介します。「もう何年も、妻から『自分のための時間をつくりなさい。ジムに行きなさい。すべてを会社に捧げてどうするのか。自分のために病院に行きなさい』などと言われつづけてきたものの、まともに取り合ったことは一度もありませんでした。そんな時間がどこにあるって言うんです？　ところが、そのあと勤め先の会長から『これから年末にかけて大きな仕事が続くというのに、君はいつ心臓発作を起こしてもおかしくない体形ではないか。君が頼りなんだ。ダイエットと運動にはげみ、休暇をとって病院へ行きなさい』と言われ、結局言われたとおりにしました」

27 「反乱モード」は音もなくやってくる

オブライジャーは「いいように利用されている」と感じることが多いでしょう。そして、それは事実です。誰かに助けを求めるとなったとき、人はどの傾向の持ち主のところへ向かうでしょうか？　アップホルダーでも、クエスチョナーでも、レブルでもありません。オブライジャーです。オブライジャーは、いちばん手を貸してくれそうな人たちだからです。

作家のキャロライン・ナップは、「欲望のかご」というタイトルのエッセイで実にオブライジャーらしいエピソードを披露しています。

友人からイヌの散歩を頼まれた。ごくありきたりな頼みごとだが、私は怒りを覚えた。頼む理由に腹が立ったのだ。彼女のパートナーがインフルエンザにかかり、一昨日から彼女が一日に2回散歩に連れていかざるをえなくなった。しかし、彼女は試験問題の作成に忙しく、昨日は散歩がひどく重荷に感じたという。

この立ち話をしながら、私は思った。「何それ。私は自分の愛犬を毎日2回散歩に連れていっているし、つねに締切を抱えているのに」

私にしてみれば、彼女の頼みは滑稽であり失礼だ。しかし、甘えていないで自分でやれとは言わず、甘んじて引き受けた。朝6時30分にイヌを迎えにいってフレッシュ池を律儀に一周し、飼い主の元へイヌを返しにいったわけだが、その週はずっと、不公平だ、いいように利用されたという思い、そして怒りの感情が渦巻いて落ち着かなかった。

アップホルダーの私なら、「悪いけど、私にもやるべきことがあるから」と断ったに違いありません。クエスチョナーならきっと、「私のほうが忙しいというのに、なぜ君のイヌを散歩させないといけないのか？」と疑問を呈するでしょう。レブルはおそらく、「やりたくないな。だからやらない」と言います。

要するにナップの友人は、ナップがオブライイジャーであり、自分のイヌの散歩や仕事、締切があったとしても、頼みごとをきいてくれるとわかっているからナップに頼んだのです。

オブライイジャー以外の傾向を持つ人は、オブライイジャーが無視できない期待を平気で無視することができます。おまけに、断れないというオブライイジャーに対して同情する気持ちもほぼありません。**オブライイジャー自身は、他者の要求を優先することは称賛に値する行動だと思っているかもしれませんが、ほかの傾向の人はそうは思っていないのです。**

アップホルダーなら「ギターを毎日弾くことが大事だと思うなら、何も言わず毎日弾けばいい」。クエスチョナーなら「その作業をやりたくないなら、なぜ引き受けたのか？」。レブルなら「クライアントから会食に誘われたら必ず出席しなければならないと言うが、私はそうは思わないから行かない」といった態度をとるだけのことです。

そのため、オブライイジャーは、「周囲から蔑ろにされている」や「誰からも感謝されていない」といった気持ちになることがよくあります。

オブライイジャーからすれば、アップホルダーやクエスチョナーは「自分」をいちばんに考えるという意味で、自己中心的で自分勝手に思えるかもしれません。彼らの場合は、内なる期待が行動の中心にあるからです。レブルも自分中心の行動をとっているように見えますが、その理由はアップホルダーやクエスチョナーとは異なります。

いいように利用されている、搾取されているとオブライジャーが感じやすい理由はほかにもあります。**彼らは、他者に任せることが苦手です。**自分でやらないといけないことだから、ほかの誰にも頼めないとなぜか思い込み、「ほかにする人がいないから、私がすることになった」や「私のようにできる人はほかにいない」と考えてしまうのです。

オブライジャーにこのような側面があると紹介した講演で、終演後にひとりの男性が近づいてきて次のように言いました。

「妻がオブライジャーで、まさに先ほどうかがった側面のことでどうにかなりそうです。感謝祭に妻の親戚を呼ぶと妻が言い出しておきながら、そのために料理や掃除をしないといけないと文句を言うのです。私が『ケータリングや清掃の業者を頼もう』と提案しても、受け入れません。それなのに、私に手伝ってほしいと言うのです！

私は料理も掃除もしたくありません。だから妻に言ったのです。『準備が嫌なら、そんなに大勢呼ぶのをやめればいい。それか、お金を払ってやってくれる人を雇えばいい。それでも招待し、準備も自分でするると決めたのなら、文句を言うのをやめなさい。そして、僕を巻き込まないでくれ』と」

私はこの男性に次のような提案をしました。「奥さまには、『準備で忙しいと、せっかく招待した親戚と話をする時間がないし、彼らも落ち着かない。年に数回しか会わないのだから、準備は業者に頼んで親戚との時間を楽しんだらどうだい』と言ってはどうでしょう。

あるいは、『君が料理を一手に引き受ければ、疲れて気もそぞろになるし、当然怒りっぽくもなる。全員にとっての休暇となるように、ケータリング業者を頼もう。この提案を受け入れてくれないと、僕が悲しい気持ちになる』でもいいと思いますよ」

オブライジャーの友人から教えてもらった、彼の妻によるオブライジャー操縦法も紹介します。

「妻は僕のことを完璧に理解している。週末には芝刈りをしなければと思いながら、大嫌いだからよく先送りにしていて、妻がそれに腹を立てていた。業者に頼むのも嫌だからしなかった。するとある日、妻が帰ってくるなり、『近所の息子さんに芝刈りをお願いしたから。大学のためにお金がいるんですって』と言った。そう言われたら、その子をがっかりさせるわけにはいかないから任せるしかない」

他者に任せられないという問題は、オフィスでよく見受けられます。オブライジャーは頼まれたら嫌と言えず、誰かに任せることも苦手ですが、**それが行き詰まりや燃え尽きにつながります**。ですから、このパターンに陥らないように気を配り、誰かに仕事を任せられるようになる方法や、抱える責務をうまく管理する方法を見つけることをお勧めします。

また、蔑ろにされている、いいように利用されていると感じやすいことから、周囲に悪印象を与える態度を見せることがあります。外から絶え間なく課される重圧に対して限界を感じると、反乱モードに入って期待に応えなくなるのです。

それは何の前触れもなく唐突に起こります。反乱モードになると、それまでどんな期待にも応えていたオブライジャーが、突然「もうやるものか！」と決意して拒絶します。

その反乱は、一度きりのこともあれば、パターンとして繰り返されることもあります。ほとんど誰にも気づかれないように期待を拒絶することもあれば、人生を変えるような大爆発を起こすこともあります。

テニス界のスーパースター、アンドレ・アガシが綴った自叙伝『OPEN』を読むと、彼は典型的に反乱を起こすオブライジャーであることがわかります。外からの期待（優れたテニス選手になれという父親の要求や、恋人だったブルック・シールズの結婚願望）には応えることができても、内なる期待にはなかなか応えられていません。また、彼は小さくても印象に残る形でオブライジャーがゆえの反乱を起こしています。デニムパンツの着用や長髪でテニス界の伝統に抗っていたことについては、「僕の人生に選択肢がなかったことへのあがきだった」と書かれていました。アガシを見ると、オブライジャーがどれほどのエネルギーを生み出し、偉大なことを成し遂げられるかがよくわかりますが、それと同時に、他者の期待に向けて努力しているという感情から憤りが生まれることも見て取れます。

有名アスリートのオブライジャーといえば、プロゴルファーのタイガー・ウッズもそうで、彼は世間が驚くような反乱を起こしていました。ゴルフをやめてアメリカ海軍特殊部隊に入隊したいと、関係者に繰り返し伝えていたといいます。そして、ゴルフ界のスターとしての立場を維持してほしいとの説得に対し、彼は反発しました。

オブライジャーが反乱を起こす引き金となりうる状況はさまざまです。どのような形の期待がこの反乱に関係するか、いくつか例を紹介しましょう。

- 非現実的なほど大きな期待（例：「君なら今年の売上記録を更新できる！」）
- 他者のぶんを不当に割り当てる期待（例：「レポートの仕上げをしているなら、私のレポートにも目を通してくれる？」）
- 屈辱を感じさせる期待（例：「こんなに散らかった部屋は見られたものじゃない」）
- 追い立てられる、または反論が許されない期待（例：「今日こそジムに行くのでしょうね？」）
- 嫌な作業や満たされない仕事が関係する期待（例：「今から営業電話をかけてくれ」）
- 努力が認められず手柄を横取りされる期待（例：「私が教えるダイエット法に取り組め

ばどんな人でも痩せられる」）
- 気難しい人、もしくは自分を軽く見ている人からの期待（例：「これ以上のことができないなら、これをクライアントに送るしかないね」）
- いいように利用されている、搾取されているといった感情が生まれる期待（例：「今夜も残業するよね？」）
- 本人が心から望むことにそぐわない要求となる期待（例：「科学がこれだけできれば、きっと優秀な医師になれる。君は医学部に進まなきゃダメだ」）
- 堪忍袋の緒が切れる期待（例：「人員が減ったのだから、君にはさらに10のクライアントを担当してもらう」）
- 罪悪感や羞恥心を呼び起こす期待（例：「みんなの前で血糖値を発表してください」）

オブライジャーの多くは、反乱を起こした自分に困惑します。なぜそんな行動をとったのか、自分でも理解できないのです。**反乱を起こしたくないと思っていても自分を抑えられず、自分が自分でなくなったような気がすると言います。**あるオブライジャーは、自身の反乱のことを「一時的に人生を台無しにする拒否反応」と呼んでいました。

また、別のオブライジャーから次のようなコメントが届きました。

私は1年後に分子生物学の博士課程を修了する予定ですが、生まれて初めて、心ここにあらずの論文を提出したり、期限より遅れて提出したりしました。宇宙人に身体を乗っ取られたような気分です。なぜそんな行動をとるのか、何が変わったのかと自問しました。

怖いながらも正直に、なぜ博士号をとろうとしているのかと自分に問いかけました。そして、オブライジャーだという自覚があったおかげもあり、博士課程に進んだのは、妻や家族、友人、大学のアドバイザーといった外からの期待を満たすためであって、自分が本当に目指していたことではないと気づきました。

このコメントからわかるように、オブライジャーの反乱は、彼らが搾取されていると感じたときだけでなく、他者から課された期待に応えているだけであって、**本当の意味で自分のやりたいことではないと気づいたときにも起こりかねません。**

そして、反乱の要因となりうるものがもうひとつあります。オブライジャーは、厄介な状況におかれても抵抗しません。不当に多くの労働を割り当てられる、いいように利用される、評価されない、といった状況に抗おうとしないのです。

それはなぜか？　抗うべきは自分ではないと思っているからです。自分たちを抑圧する負担が立ちはだかっていることに（自分以外の）誰かが当然気づくので、自分が何も言わなくてもほかの誰かがその負担を取り除くはず（べき）。つまり、**自分は何もしなくても、自分への期待が無理強いになっていると気づいた誰かが、無理強いから解放してくれると見込んでいるのです**。でも、そんなことはまず起こりません。そうして、彼らは自分が断れなかっただけなのに、重い期待を課した人に怒りを抱くようになるのです。

それでは、周囲はなぜオブライジャーの負担を軽くしようとしないのでしょうか？　先にも述べたように、オブライジャー以外の傾向の持ち主は、オブライジャーのように押しつぶされそうになるほど外からの期待を背負うことはしないので、つらいと感じるほどの負担をオブライジャーに強いているという意識が持てません。それに、外からの期待に反発する術も持ち合わせているので、オブライジャーも嫌なら抵抗すると思い込んでいるのです。だから、「やりたくないなら、なぜやると言った？」「期限までにできないくせに、なぜ追加の作業を引き受けた？」と思ってしまいます。

オブライジャーは、誰かが解決策を講じる間もなく反乱を起こします。黙って期待に応えていると思ったら、いきなり反旗を翻すのです。何の警告もなしに職場から（結婚生活や友人関係からも）去ることもあります。例を紹介しましょう。

私の反乱は静かに起こります。それが起こると修復は不可能で、壊れた状態が永遠に続きます。反乱を起こしたがために、2つの友情が壊れ、1つの職を失い、1つの結婚が破綻しました。

反乱はスイッチが切り替わるように起こります。職場の会議で何か月にもわたって理不尽で不当な扱いを受けていると思っていた私は、とある月曜日にもうひとつの職場のほうの雇用主に電話をし、その日の午後に不当な扱いを受けた会社を辞めました。「引き止めることはできないのか?」と言われても、話し合う気はいっさいありませんでした。

スイッチが入ると、「もうかかわるつもりはない」という態度になるのです。18年続いた結婚生活もそうでした。何年も関係の修復を試みましたが、ある朝目覚めると、「もう十分だ。元に戻ることはない」とはっきりと悟りました。

さまざまな反乱を起こしましたが、後悔はいっさいありません。とはいえ、オブライジャーについて概念的な説明があることはありがたいと思っています。反乱を起こす前兆を自覚することにはメリットがあると気づけましたから。おかげさまで、他者の期待に応えようと誰かの不足を補うことにはリスクが伴うということもわかりました。

当然ながら、傾向の種類に関係なく、人間関係を断とうとすることは誰にでもあります。

ただし、**オブライジャーの反乱は唐突です**。理不尽に思える期待にも応えつづけていながら、あるとき突然「キレる」のです。あるオブライジャーは、自身の反乱のことを「爆弾が爆発するのと同じ。爆発は自分で制御できない」と言っていました。

ほかのオブライジャーにも話を聞くと、「膿《うみ》が出る」「くすぶる」「堪忍袋の緒が切れる」「噴火」「火山」といった言葉を使ってそのときの感情を説明しようとします。

オブライジャーの反乱は、とてもドラマチックに起こることもあれば、小さな意思表示という形をとることもあります。オブライジャーのひとりからこんなコメントが届きました。「数分遅れると、必ずひと言物申す同僚がいます。それが本当に嫌で、ときどき走れば間に合うとわかっていても、あえて車で時間をつぶすようになりました。遅れると最悪な気分になりますし、遅れたと指摘されると腹が立って仕方ありません。そう言われるほど、時間どおりに行く気が失せます」

オブライジャーの中には、**あまり害を生まない形で反乱を起こせる人もいれば、自己破壊的な行動に出る人もいます。**後者について、あるオブライジャーは次のように説明します。「私の場合は、何かを頼んできた人や要求してきた人、単にアドバイスをくれた人などを傷つけるようなことはせず、自分に害が及ぶことをします。たとえば、プレゼンや面接に何の準備もせずに臨んだこともありました。いわば、反発しながら期待に応えているようなものです。それも、自分以外の誰にも害を及ぼすことなく」

オブライジャーはとくに「健康」に関することに反乱を起こすことが多くあります。例を紹介します。

仕事、教会などボランティアでかかわっている組織、人づきあい、子育てについては、外からの期待に応えようとします。ところが、ダイエットや運動になると、ごく小さな期待、義務、制約ですら、叫び出したくなるほど嫌でたまりません。

これまでに、ジムやダイエットクラブの入会金に払った金額はとても言えません。入会しても一度もジムに行ったこともなければ、ダイエットプログラムを最後までやりきったこともありません。入会中はむしろ、体重が増えることがほとんどです。

オブライジャーが健康に対して反乱を起こしやすいのは、健康でいるように周囲から圧力をかけられたり、せっつかれたり、戒められたりするからでしょう。外から健康になるように期待を強いられても、健康になれるかどうかはオブライジャーの行動にかかっています。サンプル調査の結果を見ると、「担当医から特定の生活習慣を変えるべき理由を説明されたが、従っていない」との文言に対し、意外にもオブライジャーがレブル並みに同意していました。レブルが「医師の指示」を拒もうとするのは容易に理解できますが、オブライジャーから同じ答えが返ってくるのは予想外のことでした。でも、そうなった要因は2つ考えられます。ひとつは、健康になるために必要な外からの責任がいつもあるとは限らないから。もうひとつは、健康に関する期待に対して反乱を起こしたくなるからです。

オブライジャーが反乱を起こせば、健康、幸せ、成功を手に入れづらくなる恐れがあるとはいえ、**彼らにとっての反乱は「自分を守る」大事な手段のひとつでもあり、非常時に欠かせない脱出ハッチの役割を果たすこともあるのです。**

反乱を起こせば、嫌な仕事、耐え難い配偶者、厄介な人間関係、重荷となっている責務などから解放されます。要は過剰な圧力を開放する安全バルブと同じです。

たいていは、反乱を起こしてしばらく時間が立てば、反発心は消えるでしょう。状況があまり変わっていなくても関係はありません。とはいえ、そもそもオブライジャーが反乱を起こさないように、燃え尽きや憤りを抱きづらくするほうが彼らのためになります。

では、反乱を防ぐにはどうすればいいのでしょうか？

彼らが反乱を起こすに至るパターンを見つけたら、その前兆が現れたときに、「追加シフトの配分の仕方を見直してはどうでしょう？」「すでに3つの委員会に入っています」「今週末は子どもふたりともに予定が入っているから、誰がどっちを担当するか決めよう」などと言って重圧から解放してあげましょう。

オブライジャーはとても燃え尽きやすい人です。そうならないようにするには、**まわりにいる家族、友人、同僚、医療関係者などの協力が欠かせません。**周囲の人間の手で、オブライジャーがノーと言いやすい状況、他者に委ねやすい仕組み、休みをとりやすい仕組み、依頼を断りやすい仕組み、自分のための時間をつくりやすい環境などを整えてあげることは可能なはずです。例を紹介します。

婚約者がオブライジャーです。一緒にいると、私がやりたいことばかりやって、彼がやりたいことはあまりやっていないように思います。

そこで先日から、公平な関係にしようと、土曜日の朝がきたら週末にやりたいことをそれぞれ3〜5つリストアップすることにしました。そしてすべて実行するのです。

今では彼もやりたいことを口にするようになり、そのための責任をふたりで生み出すようになりました。やりたいことをリストアップするようになったおかげです。

オブライジャーが反乱モードになるのは、負わされた期待や責務から解放される必要があるからですが、皮肉にも、そのためにはさらなる第三者の期待が必要になります。たとえば、オブライジャーが仕事を抱えすぎているとき、上司はそのことに気づいて部下の責務を減らすか、大量に仕事を押しつけた同僚を叱責するという「働きかけ」をしなければなりません。

オブライジャーが起こす反乱はドラマチックな形をとることが多いので、小説や映画で頻繁に描写されます。とりわけ有名なのが、クリスマス映画の名作として知られる『素晴らしき哉、人生！』です。

主人公のジョージ・ベイリー（ジェームズ・スチュアート）は岐路に立つたびに、自分ではなく外からの期待を優先してしまいます。そしてとうとう反乱を起こすのですが、その矛先は彼自身に向かいます。具体的には、橋から身を投げようとするのです。幸いクラレンスという天使がジョージを救ってくれますが、現実には残念ながらクラレンスのような存在がそばにいる人はいません。

また、ジョージ・ベイリーというキャラクターには、自分ひとりで応えなければならないと思い込む、オブライジャーが陥りやすい思考パターンも映し出されています。

ジョージの父親が亡くなったとき、ジョージは家業の貸付組合を引き継ぎました。それは弟ハリーのためであり、ハリーは大学を卒業したら家業をジョージから引き継ぐと約束しました。けれどハリーは結局あとを継ぎませんでした。本当ならハリーが継ぐべきであり、継ぐ気がなくなったとしても、家業をどうするかはハリーの責任となったはずです。

オブライジャーまとめ

強みと思われる性質

優秀な上司、責任感のあるリーダー、協調性のあるチームプレーヤーとなる
他者の期待に応えることに対して強い義務感を抱く
責任感が強い
自分の役割以上のことを進んでやろうとする
外に対する責任に対応しようとする

弱みとなりうる性質

働きすぎ状態になりやすく、燃え尽きやすい
自己破壊的な反乱を起こすことがある
他者からいいように利用されやすい
憤りを覚えやすい
断ることや、自分の限界を見極めることが苦手である

7章

オブライジャーの「重荷」を軽くしよう

28 役割分担を明確に示そう

オブライジャー（義務を果たす人）は、さまざまな分野で優秀な同僚や上司となります。

期待どおりに行動し、誰かが助けを必要とすれば手を差し伸べ、担当が決まっていない業務があれば自ら手をあげ、状況に応じて対応を柔軟に変えます。

また、職場でほぼ必ず生まれる期待――締切、評価、成果――を満たそうと行動するでしょう。しかし、責任が自然に発生しないケースが稀にあり、そういう場合ははっきりと責任を提示する必要があります。**曖昧な指示だけで何かをやらせようとしても、相手がオブライジャーではうまくいかないことがほとんどです。**

作家でオブライジャーの友人からこんな話を聞きました。

「回顧録を書く契約書にサインをしたとき、編集者に『何かしら提出するものがないと書けないので、いくつか締切を設けてほしい』と頼んだ。でも彼は、『そんな心配はいりませんよ。大丈夫。すばらしい本になるに決まってます。ええ、ちゃんと書けますよ』とわかったようなことを繰り返すばかりだった」

「それでどうなったの？」と私は尋ねました。

「締切の3週間前に一気に書き上げることになった。もっと早くから始めていたら、もっと良い作品になっただろうに」

見当違いの思いやりから、編集者は責任を与えることを拒んでしまったのです。編集者がこの作家の傾向をわかっていたら、違う対処をとれただろうと思います。

どんな状況であっても、オブライイジャーから責任を課してほしいと求められたら、しっかりと与えるのがいいでしょう。求めるほうは、責任が必要だとわかっているから頼んでいるのですから。「私は上司に、厳しく注文の多い上司になってほしいと頼みました。やることが増えるほど、良い仕事ができるので」というコメントも届いています。

オブライイジャーは外からの期待に応えることに大きな意義を感じるため、他者から利用されることがあります。その結果、搾取されている、働きすぎているといった感情が芽生えると、反乱を起こしかねません。反乱が起きれば、マネジャーや上司は対処に苦労するでしょう。オブライイジャーの意見を紹介します。

私が看護師として働く病棟は、往診もあってつねに人手不足です。勤めはじめて3年になりますが、上司はオブライイジャーの看護師を嗅ぎ分けて、私たちオブライイジャーにばかりシフトの追加を要求します。

一方、いつも「病欠」しては一日中フェイスブックに投稿している看護師が数名いて、本当に腹が立って仕方ありません。ずっと病棟のために協力してきましたが、もう燃え尽きました。今の私はすっかり反乱モードに入り、つねに「ノー」と言うようになりました。

この例からわかるように、オブライジャーはなかなかノーと言えないのですが、**限界に達した途端、人が変わったようになります。**堪忍袋の緒が切れて「ノー」しか言わない状態になれば、厄介なことになりかねません。

オブライジャーは社員として貴重な存在であることが多いので、上司や雇用主は彼らが反乱を起こさないように気をつけたほうがいいでしょう。そうしないと、貴重な社員が仕事を投げ出したり、前触れもなく辞めたりすることになるかもしれません。

上司、社員、同僚がオブライジャーのために制約や限界を設定すれば、反乱を回避できる確率は高まります。いくつか例を紹介します。

- 「そこでノーと言えば、もっと大事な仕事にイエスと言えるようになる」と言い聞かせる（例：「金曜日に報告書をあげることになっているのだから、まわりから請われるままに打ち合わせに顔を出していたら、金曜日までに完成できないかもしれないぞ」）

●燃え尽きや反乱を防ぐための制約を強制する（例：「君には休暇をとる権利があるのだから、必ずとってもらう」）
●オブライジャーに甘えないようにとまわりに注意を促す（例：「締切があるのはみな同じなのだから、最終版の作成は必ず各自で行うように」）
●オブライジャーの仕事ぶりを手本とする言葉をかける（例：「君が9時まで残ったら、部下に示しがつかない」）
●オブライジャーが抱える仕事が多すぎると思ったら、仕事をとりあげる（例：金融会社の社長から次のような話を聞きました。「うちには最高の社員がいる。彼はまわりを引き立てるのがうまいから、誰もが彼と一緒に仕事をしたがる。だが、全員にイエスと言わせるわけにはいかない。そんなことは長く続かないからね。

先日彼の評価面談を行ったとき、私は彼に言ったんだ。『君は働きすぎで、うまくやりすぎだ。冗談ではなく本気の批判だと思ってほしい』と。それでも彼は、誰かに仕事を任せることも、手を引くこともできなかった。だから彼から大口顧客をとりあげた。そうしたら、一段と良い働きをするようになったよ」）

オブライジャーが優秀な上司や人望の厚いリーダー、それどころか、ビジョナリーと呼ばれるほどの存在になるケースは多くあります。それは、自分が属する組織に対して強い責任を感じるからです。彼らは組織のことに関して迅速に対応し、自分で責任を担います。

とはいえ、彼らもまたほかの傾向を持つ人たちと同じように、自分と違う傾向の持ち主の思考を理解することには苦労しているようです。

あるオブライジャーはこう話していました。「私はマネジャーを務めていますが、私の依頼を断る人や何にでも疑問を呈する人については理解に苦しみます」

自分と違う傾向の持ち主をまとめるのは大変な仕事です。それにはまず、違いを認識する必要があるでしょう。

オブライジャーが上司なら、外からの期待に応えようとする本能がトラブルを生むかもしれません。新たな職に就いたアップホルダー（約束を守る人）の友人からこんな話を聞きました。彼によると、「新しい上司は絶対にオブライジャー。それも極端なタイプ」だといいます。「上司はCEOでもあるんだけど、彼女はクライアントや社員のためだと思えば何でも犠牲にするから、生産性が割りを食っている。だから何も終わらない」

オブライジャーがとりわけ苦労するのが、ひとりで働くことになった場合です。組織の中ではすばらしい生産性を発揮できても、組織から出てひとりになれば、外に対する責任がなくなって行き詰まる恐れがあるのです。

オブライジャーの人が起業するなら、立ち上げ準備の最初の段階から何らかの責任が課される仕組みが必要だと覚えておいてください。責任を課してくれる相手は、ビジネスコーチ、メンター、顧客、クライアント、学生（ボランティアで手伝ってくれる段階を含む）、責任を互いに与え合うグループなど選択肢はいろいろあります。**自分以外の誰かに対する責任**が生まれるのであれば、相手は誰でもかまいません。

起業家となったあとは、クライアントから提示された期限を守る、納税申告書を提出する、電話に出る、といった仕事が生まれるので、外からの期待を見つける心配は不要になるでしょうが、内なる期待、たとえば、人脈を広げたい、ビジネスモデルを確立したい、時間のムダにしか思えない依頼を断りたい、クライアントからの過剰な要求を断りたい、といったことに応えられずに苦労することがあります。

その解決策もやはり、**外から締切や制約を課される仕組みを見つけること**にあるでしょう。

29 やりたいことをやる時間を確保してあげよう

他者からの期待に応えることを重視するオブライジャーは、配偶者としても理想的です。

ただし、オブライジャーを配偶者に持つ人は、オブライジャー特有のパターンを知っておく必要があるでしょう。

たとえば、オブライジャーの配偶者から責任を与え合う役割を担ってほしいと頼まれたら、断ってはいけません。自分に与えることができないなら、配偶者に責任が生まれる別の方法を見つけてあげてください。

あるオブライジャーは「私がトレーニングを毎日続けているのは、帰宅した夫がトレーニングをしたかと訊いてくれるからです。さぼったとしても夫が全力で応援してくれるので、翌日は必ずやろうと思えます。夫が健康を重視する人なので、私も重視するようになりました。トレーニングをしたかどうかを尋ねるように頼んだのは私なので、おかしな話だと思うかもしれませんが、夫が尋ねてくれるおかげで、トレーニングしなければという気持ちになれるのです」と言っています。

また、上手に新しい責任を提供することができれば、オブライジャーがすでに抱えている義務感を抑え、燃え尽きや反乱を防ぐ助けとなります。「昼寝しておいで。私のためだと思って横になってらっしゃい」と言えば、疲れをとることに責任感が生まれます。

あるオブライジャーの女性は、「夫が子どもの面倒を見ると申し出てくれたので、土曜日の午前中に大好きなスピンバイクの教室へ通えることになったのですが、なぜか行く気になれません」と言っていました。

こういう場合は夫が次のように諭せばいいのです。「健康的な活動を習慣にする手本を子どもたちに示すチャンスじゃないか」。あるいは、「僕と子どもたちだけで過ごす時間を毎週持てると、僕も子どもたちもうれしい」

このように、オブライジャーが価値をおくことを強調するのがポイントです。ポッドキャストのリスナーからも次のようなコメントが届きました。

夫がオブライジャーだとわかったことは大きな発見でした。本当に優しい人なのですが、それだけに、夫がやりたいことを「守る」のは私の役目なのだと気づきました。私が何か頼めば、夫はすぐさま自分のことをあと回しにして頼みを聞こうとします。ですから、夫にとって大事なことをあきらめないように、私が気を配らないといけません。夫の前妻は彼のオブライジャー気質に甘えていたので、私は彼のために制約を設けるつもりです。

夫のために「制約を設ける」とは、夫がノーと言いやすくして（その相手には妻も含む）、他者に搾取されるのを防ぐということです。そうすれば、彼の反乱を阻止できるでしょう。身近にいる人たちが気をつけることで、反乱の防止につながります。たとえば、長期の出張のあいだオブライジャーの配偶者が3人の子どもの面倒を見ることがあれば、出張から戻ったら「ひとりで子どもたちの面倒を見ることになって、本当に大変だったね。この週末はリフレッシュすると思って自分の好きなことに時間を使ってほしい。子どもの面倒は私が見るから」と申し出るのが賢明です。

オブライジャーは、外からの期待に応えねばならないというプレッシャーを抱えています。だからこそ、期待に受け取られかねないことを気安く口にしないよう注意することも必要です。オブライジャーの夫に向かって、妻が「リトルリーグのコーチをやるべきなんじゃない？」と言おうものなら、きっと大変なことになるでしょう。

30 適度な責任を与えよう

私の見る限り、子どもがオブライジャーかどうかを判断するのは難しいことです。アップホルダーやレブルはひと目でわかる極端な傾向なので、比較的小さいころからその片鱗が表に出るのですが、子どもは大人と違って自立しておらず、子どもの生活の大半は大人が主導権を握っているため、オブライジャーの特性かどうかの確証がなかなか持てないのです。

子どもの傾向がオブライジャーだと明らかになれば、親は傾向の特性を考慮してやるといいでしょう。子どもといっても大人のオブライジャーと同じで、責任に対して敏感に反応します。ピアノの練習をさせたいなら、練習の時間を決めて、練習後に親や講師が確認してあげましょう。「4時になったから練習の時間ね」とさりげなく声をかけるのもいいですし「練習したかどうかは先生にすぐにわかるのよ」と諭すのもいいかもしれません。

オブライジャーの子どもが内なる期待に応えようとしているときは、親が協力して外に対する責任が生まれる仕組みをつくり、子どもが行動を起こしやすくしたほうがいいと思います。

オブライジャーの子を持つ親から、次のようなコメントが届きました。「娘が愛犬に芸を仕込みたいと言い出したので、私はすかさず『いいじゃない！　州のお祭りで開かれる今年の4―Hクラブ主催のドッグショーへの参加を申し込みましょう』と言いました」

このような発言をするときは、**期待を高く設定しすぎないように気をつける必要があります。**「いいじゃない！　4―Hクラブ主催のドッグショーへの参加を申し込みましょう。あなたがバーナビーに芸を仕込めば、優勝は間違いなしよ！」と言ってしまったら、それが大きなプレッシャーとなり、反乱を起こすかもしれません。

それ以上に気をつけてほしいのが、子どもが誰か（親を含む）を喜ばせるために無理をしすぎることです。無理をしすぎて疲れ果てれば、自分が何に幸福感や充実感を抱くのかがわからなくなります。

どんな状況であっても、オブライジャーから責任が必要だと訴えられたときは、与えるようにしてください。あるイベントで講演を終えたのち、ひとりの女性が話しかけてきました。「娘が『GRE（大学院進学適性試験）を受けるから塾に通わないとダメだ』と言って聞かないのです。そう言われるたびに、『必要ない。参考書を買って自分で勉強すればいい』と取り合わなかったのですが、お話を聞いて娘が正しかったと気づきました。ええ、娘は塾に通わせます」

責任が必要だと訴える人は、自分にそれが必要だと知っているのです。

31 大きすぎる目標は設定しない

4つの傾向で人数がもっとも多いのがオブライジャーなので、医療関係者は実に多くのオブライジャーを診ることになるでしょう。一般に、医師、看護師、理学療法士、栄養士、トレーナー、コーチ、講師などが経過を見張ることが、オブライジャーのためになります。たとえば、エクササイズ教室のインストラクターなら、レッスンを休んだらメールを送る、出欠を記録する、「レッスンに来なかったら残念に思う」などと事前に伝えるのが効果的です。

ニューヨークで人気のジムのトレーナーを前にして、4つの傾向について講演したときのことです。講演が終わると、女性のトレーナーが話しかけてきました。「責任を与えるという意味で、ジムに来る人をできるだけ名前で呼ぶことにしているのですが」

「それはすばらしい」と私は言いました。

「それとは別に、できることがあると気づいたんです」と彼女は続けました。「ジムから帰る人に向かって、これまでは『私は来週もいますから』と声をかけていたのですが、これからは、『来週またここで』と言おうと思います。そうすれば、来ることを期待されていると感じてもらえるのではないでしょうか」

「そのとおりです！」

患者やクライアントがオブライジャーの場合もやはり、責任を与えてほしいと頼まれたときは、できるだけ与えるのが賢明です。あるオブライジャーからこんな話を聞きました。

「かかりつけの歯科医に、『フロスをするという約束を守るためにお願いです。次の検診で口の中の状態が悪かったら、強く叱ってください！』と言ったら、笑いながら了承してくれました。以来、毎晩のフロスを欠かしたことはありません」

毎年、次々に新しい機器、アプリ、サービスが市場に出回りますが、健康的な行動を促すものも例外ではありません。これらをうまく使えば大きな効果が期待できるのは事実ですが、責任の与え方が利用者個人に合っていることが重要です。

薬の服用を促すメールや毎日の運動量を計測するフィットネストラッカーで十分という人もいれば、罰金が課せられるアプリが必要になる人もいます。

調査によると、何かに専念するための工夫にお金を使う人は今後ますます増えるようです。私がエクササイズのトレーナーなら、「レッスン開始時間から24時間以内にキャンセルした場合は、レッスンを受けなくても全額支払ってもらいます。お望みなら、24時間以内にキャンセルした場合は料金を3倍にすることもできますよ」と事前に登録者に説明するでしょう。

この喩《たと》えをオブライジャーに話したら、「自分なら3倍にしてもらう」と答えた人が何人かいました。

オブライジャーは、自分のためにはできないことも、誰かのためとなれば行動を起こせることが多いので、**健康に関する指示を与えるときは、それによって誰かが恩恵を受けると強調すれば、指示に従う確率が高くなります。**

ただし、その逆もありうるので例を紹介したいと思います。

私は妊娠6か月です。妊娠5か月までは、1日も欠かさず妊婦用ビタミン剤を服用していました。お腹の子の健康のためなら、できることは何でもやりたいと思ったからです。ところが1か月前に、赤ちゃんは母親が体内に貯めているビタミンを必要に応じて盗むので、ビタミン不足に陥ることはないという記事を読みました。つまり、妊婦用ビタミン剤は、妊婦の健康を増進する意味合いが強いのです。このビタミン剤は赤ん坊ではなく自分のためだと思うようになってからは、せいぜい1日おきに飲む程度になってしまいました。

オブライジャーの健康に気を配る人たちは、相手に有効な責任を与えることに加えて、反乱の誘発防止も心がけてください。オブライジャーに対しては、**あまり強く勧めたり急き立てたりしてはいけないのです。**また、圧倒されるほど大きな目標を設定してもいけません。オブライジャーがあと押しや支えと感じることは何か、責任を感じることは何かを探し、妥当な制約を設けるのがいいでしょう。もちろん、言うは易く行うは難しなのですが。

32 「責任感の強さ」を生かそう

オブライジャーはどんな仕事でもうまくやれる人です。ただし、外に対する責任があり、反乱モードに陥らないための策を講じているということが前提になります。キャリアを選ぶときは、外に対する責任が与えられる職場のほうが成功しやすいという点を考慮するといいでしょう。例をひとつ紹介します。


つい最近、オブライジャー向きの仕事に変わりました。私のキャリアは研究職からスタートし、最初はとても優秀な成果をあげていました。博士課程の指導教官に対し、丁寧なリサーチを行って優れた論文を書いて提出するという義務があったからです。

ところが、立場が上がって自分や自分のリサーチに対してしか責務が発生しなくなると、成果をあげるのがとても困難になりました。そして研究職から離れ、先日から指導教諭の立場となりました。

新しい仕事はとても気に入っています。毎日誰かの期待に応える機会が生まれるので。


社長を務めるオブライジャーも、「ミッションを果たすこととチームでの働きを中心とする我が社の社風は、オブライジャーに完璧にマッチする」と言っていました。

キャリア選択の際には、オブライジャーが自分の望みを蔑ろにして他者の期待に応えようとする部分についても警戒しましょう。これはオブライジャーという傾向の根幹にかかわる問題です。

オブライジャーは、自分が本当にやりたいことをやるために、外に対する責任をつくる方法を自分で見つけてください。それが見つけられないと、自分に適さない道を歩むことになりかねません。そして、そのことがひいては反乱を生みます。

オブライジャーは、自分に適した状況に身をおいていれば、どんな仕事でも成功できます。また、自分の職場ではオブライジャーらしさが必要とされていると自負するオブライジャーは多く、その分野は、企業法務、福祉関連の仕事、個人資産管理、医療と多岐にわたります。

あるオブライジャーは次のように言いました。「私のチームは徹夜でコードを書くことがしょっちゅうです。ときどき、『悪いけど、そんなやり方には従わない』と言う人材が入ってきますが、そういう人は長続きしません」

ビジネスマンのグループを前に講演をしたとき、講演後に次のような質問を受けました。

「4つの傾向を理解しましたから、これからはオブライジャーしか雇いません。何があっても業務を達成する人材がほしいので。面接のときにオブライジャーかどうかを見分ける方法を教えてもらえませんか?」

私は少々とまどいました。この男性が本気でオブライジャーという傾向に価値を見いだしているとは、どうしても思えなかったからです。

まとめ

オブライジャーとのつきあい方を知る

外からの期待に進んで応えようとするが、内なる期待にはうまく応えられない。

他者のための行動に価値をおく。

監視される、期限を設けられる、経過観察される、手本となる行いを要求されるなど、他者に対する責任が発生することは問題なくやり遂げることができる。

他者の要求を際限なく受け入れがちである。

自分だけに期待されていると思い込みやすく、他者に委ねることが苦手である。

内なる期待に応えるには、外に対する責任が生まれる仕組みが絶対に必要となる。

他者からいいように利用されることがある。

利用されていると感じると、憤りを覚えたり、やる気を失ったりする。

憤りを覚えたり、やる気を失ったりしたときは、オブライジャーが抱える期待を上司などが減らす処置をとらないと、反乱を起こす恐れがある。

8章

「抵抗する人」はこう動く

～やれと言われたことは絶対にやらない～

4つの傾向

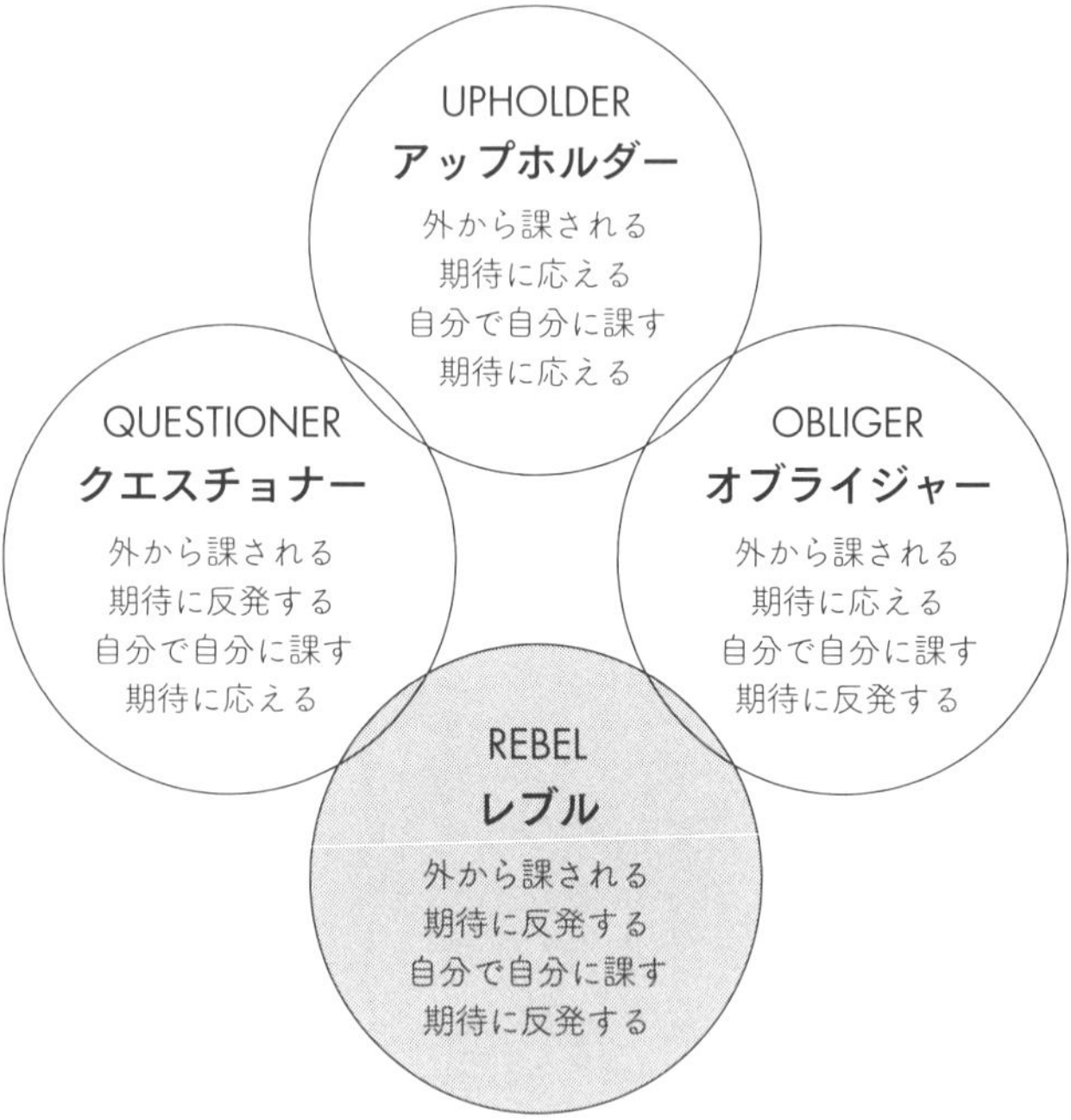
UPHOLDER
アップホルダー
外から課される
期待に応える
自分で自分に課す
期待に応える
QUESTIONER
クエスチョナー
外から課される
期待に反発する
自分で自分に課す
期待に応える
OBLIGER
オブライジャー
外から課される
期待に応える
自分で自分に課す
期待に反発する
REBEL
レブル
外から課される
期待に反発する
自分で自分に課す
期待に反発する

私たちは一日も欠かすことなく、外からの期待と内なる期待に対峙する日々を送っています。そして期待が現れるたびに、「これに応えるべきか、反発するべきか」を自分で決めなければなりません。

ただし、レブル（抵抗する人）の答えはいつもはっきりしています。レブルはすべての期待に反発します。外から来ようと、内から生まれようと関係がありません。自分がやりたいことを、自分のやり方かつ自分のタイミングでやりたがり、誰かからの頼みや命令には反発するのです。自分で自分にあれをしろと命じることすら嫌がり、外から課される期待と同じように、自分の内から生まれた期待もきっぱりと拒みます。

レブルは、自分による選択、自由、自己表現といった形で行動を起こすことを望みます。朝目覚めたら、「今は何をしたい気分か？」と考え、自分を管理しようとするものは、たとえ自分自身であっても反発し、ルールや期待、しきたりに嬉々として逆らうのです。

「みんなが頼りにしている」「前に痛い目に遭ったじゃないか」「私はこれをやったから、あれは君がやってくれる？」「これは本当に大事なことだから、いまから一緒に取り組むことにしよう」「このやり方にすべきだ」「約束があるんじゃないのか」「やると言ったのは君じゃないか」「こっちのやり方のほうが効率がいい」「ほかの人が困ることになる」「それはルール違反だ」「伝統だから」「期限はこの日だ」「失礼だ」などと伝えても、レブルが期待に応えるようになることはありません。

それよりも、「きっと楽しいよ」「君がやりたがっていることじゃないか」「心配だ。君にできるだろうか？」「これは本当に大事なことだと思うのだが、君はどう思う？」というような言い方のほうが彼らには受け入れてもらえるでしょう。**レブルは、自分がやりたいと思えばどんなことでもやろうとするからです。**

レブルにとっては「自分で選べる」ということがとても重要で、それを再認識したいがためだけに、本意でないことや好ましくないことを選ぶことさえあります。

また、サンプル調査において、良い習慣の保ち方を尋ねたところ、レブルにもっとも多く見られた回答は「自分のとる行動を前もって決めることはない」でした。

4つの傾向のうち、レブルはいちばん人数が少ないです。人目を引きやすいものの、その数は多くはないというのがレブルなのです。

33 圧倒的にプレッシャーに強い

レブルは「やる」と自分で決めたことしかやらないので、ほかの傾向の持ち主のようにさまざまなプレッシャーを抱えることはありません。

困難なことにも、自分のやり方で挑んでいいと言われれば喜んで挑みます。レブルの起業家はこう話しています。

私はレブルなので、困難が立ちはだかるとテンションが上がります。「私には起業できないだと？　見てろよ」という具合です。

自分の中から「できない」や「無理」といった言葉が聞こえると、何としてもやり遂げねばならないという気持ちになるのです。できると自分に証明するためだけに不可能に思えることに取り組んできたなんて、自分でも本当に驚きです。

レブルを「焚《た》きつけて」正しいことをやらせようというのはリスクが伴いますし、騙すような行為ではありますが、はっきりいって、私には効果があります。

また、彼らは**他者の期待を拒むことにも大きな喜びを感じます**。レブルのひとりから次のような話を聞きました。「自宅近くの林に歩道があり、そこを歩けばひったくりに遭うと誰かに言われてから、積極的にその道を歩くようにしている。身体に良い習慣の例にあげるにはふさわしくないかもしれないけれど、それで歩くようになったのは間違いない」

また、禁酒したレブルは、「私がお酒をやめることは絶対にないとまわりから言われたから、それは間違いだと証明してみんなの鼻をあかしてやった」と言っていました。

実際、サンプル調査でも、「ルールやしきたりを無視することに抵抗はなく、むしろ楽しんでそうすることが多い」にもっとも同意の声が多かったのがレブルでした。

彼らは自分がやりたいことに取り組むときは、必死になってやり遂げます。**「見てろよ」という気持ちがあればなおさらです。**例を紹介します。

診断テストでレブルという結果が出て、最初は信じられませんでした。私は体形を競う競技（女子ボディビルのフィットネスビキニ部門）の選手で、食事とトレーニングは自分で厳しく管理しているため、「レブルにこんな生活ができるはずがない」と思ったのです。でも考えてみれば、どちらの管理も自分が本当にやりたいからやっていることですし、自分のやりたいようにやっています。夫に理解されず、友人から変わっていると思われても関係ありません。どれだけ管理が大変でもやりたいのです。また、私が「ボディビルをやっている」や「海軍でメカニックをやっていた」と言ったときの相手の反応を見るのも大好きです（私は一見するとスリムで、筋肉質に見えないのです）。期待を裏切るとせいせいします。やっぱり私は、レブルで間違いありませんね。

レブルは平気で習慣やしきたりを破ります。たとえば、妻が稼ぎ頭だというレブルの夫婦に私は何組も会ったことがあり、「ニューヨーク・タイムズ」の結婚と家事と収入のパターンについての記事を読んだとき、レブルのことが頭に浮かびました。

その記事には、「(夫に比べて)稼ぎが多い妻は家事や子育てをこなす量も夫よりはるかに多いが、それは夫に引け目を感じさせないためだろうとエコノミストは見ている」とありました。(注6)でも私は、その夫たちはレブルで、夫は妻より多く稼ぐべきだという世間の風潮を気にもとめていないのではないかと考えたのです。

レブルなら、同じことの繰り返しである退屈な家事にやる気が起きなくても当然です。つまり、男らしさの問題ではなく、傾向の問題かもしれないと思うのです。

レブルという傾向は、社会に大きな貢献をすることがあります。以前、クエスチョナー(疑問を持つ人)だという人から、「レブルが持つ最高の資質は異議を唱えることです。その資質を矯正したり、排除したり、辱めてやめさせたりしてはいけません。その声が、私たちを守ってくれるのです」と指摘されたことがあります。確かに、「信念を持ったレブル」の多くは、レブル精神でもって自らの信じる理念や目的を支えようとします。

レブルのひとりはこう話しています。「権力に抗いたいという気持ちはつねにあります。自分の力を『良いこと』のために使いたいのです。規制に異を唱え、入念に計画して規制を撤廃させたこともあります。すべては不公平な目に遭っている人のためです」

ふつうとは違う道を選んだ人（石油掘削現場を職場に選んだ初の女性など）の話を聞くたびに、私は、その人はきっとレブルに違いないとつい考えてしまいます。

レブル自身がレブル気質について語った、実に説得力のある言葉を紹介します。

使命に駆られたレブルは、スーパースターのごとく強大な力を発揮する。チェックリストで確認しなくても、ルーティン、ルール、習慣で縛られなくても、ものごとを達成する。そのためには、心から信じる何か、大義名分が欠かせない。そうして抱いた信念はとても強く、外からどんな圧力をかけられても屈しない。

レブルは、自分は唯一無二の存在であると信じている。いや、特別な存在とすら思っている。傲慢な一面があるのは間違いない。だが信念を持てば、それに忠実に従う。

そういえば、自分がレブルであることを誇りに思っている人が、レブルでない人のことを「マグル（ハリー・ポッターシリーズに登場する呼称で、魔力を持たない人間を意味する）」と呼んでいました。

レブルは、**自分に正直に決断を下すことをとても大事に思っています。**そして、自らの価値観を反映した人生を送りたいと望んでいます。レブル以外の傾向の持ち主（とくに義務を果たしたがるオブライジャー）は、レブルと一緒にいるとラクだと感じるでしょう。レブルは自分のやりたいことにしか興味がなく、負担に感じることはためらわずに断るからです。

また、自分らしいやり方を構築したがるのもレブルの特性で、そのやり方は非常にユニークです。友人の知り合いを紹介される直前に、その友人が私に「彼は拳を合わせる人だからね」と囁きました。何のことを言っているのかわかりませんでしたが、彼に会ってすぐに理解しました。彼と握手をしようと手を差し出すと、彼が拳を突き出したのです。握手という月並みなやり方で挨拶するつもりはなかったということです。

また、友人の息子はレブルで、大学進学を嫌がっていましたが、誰も聞いたことがないインターナショナルスクールに行くと決めてからは、積極的に願書を送るようになったそうです。

レブルは一般に、期待がいっさいないほうがパフォーマンスが向上します。レブルの女性から聞いた話によると、高校では進学先が決まったあとの最終学期、大学では就職の見通しが立ったあとの最終学年で最高の成績をあげたそうです。

また、こんなことを言うレブルもいました。「本を書こうと思っていますが、出版契約を結ぶ前に書き上げるつもりです。編集者がついて締切を設けられると、きっと書きたくなくなるので」

アップホルダー（約束を守る人）の私は、「正反対」の傾向を持つレブルの研究を通じて実に多くのことを学びました。「人は自分が思うより自由だ」と思えるようになったのもレブルのおかげです。

たとえば、起きるのは毎朝10時以降にすると決めても、家族や同僚はいずれそれに慣れます。残りの人生をヨガパンツとランニングシューズで過ごすと決めても、何とかなるでしょう。人は、自分が思うより自由なのです。

34 基本的に人を苛つかせる

レブルという傾向は、本人に対しても世の中に対しても多くのメリットをもたらすものの、レブルに対して周囲（と自分自身）が苛立つことが多いのもまた事実です。

レブルに何かしてほしいと頼んだり、命令したりしても、ほぼ間違いなく拒まれるでしょう。レブルのそうした本能は、彼らの配偶者、医療関係者、親、教師、職場の上司に厄介ごとをもたらしかねません。押しを強くすれば、そのぶんレブルの反発も強くなります。

レブルの友人から、「私に何かさせようなんて絶対に無理。この前も、届いたメールの件名が『お読みください』で始まっていたから、すぐに削除した」と聞いたときは大笑いしました。

レブルは、自分の行動が支配されそうだと感じれば、電話の着信音、パーティの招待状、定例会議といったごく当たり前に思えることにまで反発します。反発すれば自分に害が及ぶ、逆効果になる、自分の望みに反するとわかっていても、反発せずにはいられないのです。

レブルからこんな話を聞きました。「砂糖を食べると気分が悪くなるけれど、ときどき『砂糖を食べよう』と思っている自分がいる。自分にできないことがあるという事実を受け入れたくなくて」

また、次のようなコメントも届きました。「高校生のとき、ADD（注意欠陥障害）の治療のためにリタリンを飲みはじめてから集中力が大幅に改善したのですが、それと同時に、『この薬は何の権利があって私の特性を支配するのか？　確かに成績をあげたいとは思っているが、口に入るだけで私の成績をあげられると思うなら大間違いだ』と思ってしまい、結局、集中力は高まりましたが、成績はあがりませんでした」

法学部に通うレブルの学生から届いたコメントも紹介します。

私は順風満帆な人生を送っていますが、世間で当たり前だと思われていることとは逆のことをします。法学部の学生は、徹夜で勉強して図書館に通い詰めの日々を送るものだと思われています。だから私は、コーヒーショップで明るいうちに勉強します。また、私の通う大学では、給与がいちばん高いという理由で法人企業へ就職するのが当然と思われているので、私は憲法を専攻するつもりです。

ただ、こうしたレブル傾向のせいで、ときどき困ることもあります。提出を求められたタイムシートは、期限が何か月もすぎた今もまだ無視していますし、「全員参加」を前提とするイベントの多くに参加していません。

この学生の自己描写から、重大な矛盾が見て取れます。**期待から自由になると決めたことで、結局は自分を縛っているのです。**この学生が憲法を専攻すると決めたのは、それに興味を引かれたからではなく、企業法を専攻するものという期待を裏切りたいから。「反抗」は「遵守」とは逆の行為ですが、「自由」と同義ではないのです。

レブルの男性から「同僚がプレッシャーをかけてきても、僕には逆効果だ。僕に何かをさせようとすれば、自動的に反発し拒んでしまう」と言われたとき、期待に反発したいというレブルの特性のことが頭に浮かびました。

この男性は、同僚からのプレッシャーという期待に、反対の方向で対応しているのです。ですが彼は、方向は違っても期待に対応しているということには気づいていませんでした。**レブルは自分のタイミングでものごとに取り組みたがるので、急かされれば、反発してさらに遅らせようとしかねません。**周囲はそんなレブルを「先延ばし屋」と責めるかもしれませんが、本当にやる気がないわけではなく、ただ、行動を支配されることを拒んでいるだけなのです。いずれにせよ、レブルを急き立てたところで、やる気を失わせることにしかなりません。

当然ながら、レブルのこうした行動パターンに周囲は腹を立てるでしょう。レブルの夫を持つオブライジャー（義務を果たす人）の妻の話を紹介します。

夫に頼んだことが途中になっていたり、手つかずのままだったりすると、彼に代わって自分でやるようにしていました。頼んでから6か月たっても夫が終わらせなかったら、自分でやったほうが早いと感じるからです。

夫に言わせれば、私が決めたとおりにものごとが進むと思ってはいけないようです。以前、2週間もあれば終わるちょっとした家の修繕に夫が取りかかったときは、終わらせるのに1年以上かかりました。その話を持ち出すと、夫は必ず不機嫌になります。

夫は私の期待を支配に感じて嫌がり、私は何かが途中になっているのが我慢できません。

このコメントを読んだ私は、「修繕に1年もかかったのは、妻がレブルの夫を急かしつづけたからではないか」と思いました。

計画を守らせようとすれば、レブルは反発します。カレンダーに予定が書き込まれているだけで、追い込まれているような気分になることもあるようです。たとえレブル自身が計画を立てても、土壇場になって予定をキャンセルすることもよくあります。

レブルは、ゴミ出しや経費報告書のファイリングといった繰り返し発生する単調な作業も嫌いです。

ただし、やらないと深刻な問題が生じるとなれば話は別です。そうした事態を避けるためか、自動引き落としによる支払い手続きを活用しているレブルは多く、お金に余裕があれば、やらないと困る単調な雑事はお金を払って誰かにやってもらうそうです。それに、やらないと拒んでいれば、見かねたほかの誰かがやってくれるとも思っているようです。

とはいえ、たとえレブルであっても、どうしてもやらなければならないことは、さすがに行動に移します。ただし、そういう場面でも、**レブルは自分なりのやり方でやろうとします。**

私がレブルの友人に請求書の支払い期限をどうやって守っているのかと尋ねたとき、彼女はすかさずこう答えました。「事務所で仕事をするべき時間に、あえて支払いに行く」

別のレブルの友人は、「全員参加の会議に出席したら、堂々とiPadでクロスワードパズルをやる」と言っていました。会議への出席は強制できても、話を聴くことは強制できないというわけです。

彼らは、制約が設けられている理由を理解しながらも、どうしても受け入れられないと感じることもあるようです。

レブルの知り合いはこう話します。「結婚して5年、今も妻を愛しています。でも、一夫一婦制という考え方に納得していません。また、やってはいけないと人から言われるのも好きではありません。ありとあらゆることを経験したいし、自分の可能性を最大限に引き出したい。つまり、ひとりの人では満足できないのです」(この男性はのちに離婚しました)

レブルは、たとえそれが正しいとわかっていても、何らかのカテゴリーにくくられることを嫌がります。また、そのカテゴリーによって制約が生まれることにも反発します。

たとえば、ひとつのアイデンティティにはめられたくないという理由で、頻繁に引っ越しや転職を繰り返すレブルがいます。また、自分が支配されていると感じるのが嫌で、自分が以前言ったことと正反対のことを口にするレブルもいます。たとえ過去に自分が発した言葉であっても、そのことによって自分の行動を支配されるのは我慢ならないのです。

レブルはまわりにどう思われてもあまり気にしません。むしろ、変わり者や気難し屋と思われたがっているフシがあります（これは強みにも弱みにもなりうる特性だと言えます）。そして、自分に何ができるかを他者に決められることをとにかく嫌がります。大学に願書を申請するとき、レブルはたいてい1校しか出願しません。進学したい大学を自分で決めているというのもありますが、入学審査委員会に自分の未来を決められたくないのでしょう。これは興味深い行動パターンだと思いました。

自分に課せられたあらゆる期待に反発するとはいえ、自分が他者に期待をかけることにはまったくといっていいほど抵抗がないレブルもいます。

それは、サミュエル・ジョンソンがトゲを含む言い方で残した言葉にも表れています。「よく見てみると、誰よりも大声で自由を求める者が、自由に対して誰よりも寛大ではない」

レブルの女性からも、おそらく自虐的なジョークなのでしょうが、「私は自分が望むことをできるようになりたいので、ほかの人にも私が望むことをできるようになってほしい」というコメントが届きました。

レブルとつきあうには、レブル気質はその人に生まれつき備わっているものとして受け入れることが大切です。それらは、一時的なものでも、いずれ成長して変わる類いのものでもありません。

読者から届いた、「でもレブルだっていずれは気づきますよね。自分の思うとおりに行動してばかりはいられないのだと。大人にそんな態度は許されません」というメールを読んだときはとても胸が痛みました。

残念ながら、大人でも思い通りに行動することはできるのです。だって、それがレブルなのですから。良くも悪くも、それが真実なのです。

35 すべてが自分で決めたことだと思いたい

レブルは自分のやりたいことをやります。それは、自分なりの理由にもとづいてのことです。誰かに何かを頼まれたり命じられたりしても、まず間違いなく拒むでしょう。

だから、レブルのまわりにいる人は、彼らの反発心に偶然でも火がつかないように気をつける必要があります。といっても、それは簡単なことではありません。

レブルはつねに、「これを考えたのは自分だ」と思いたがっています。この点をうまく利用しましょう。実際、「レブルに何かをさせるときは、自分の考えだと思わせるようにしている」と話す人は大勢います。

レブルを期待に応えさせるうえで、もっとも建設的なやり方はどういうものでしょうか？端的に言えば、**情報、起こりうる結果、選択の自由の順で伝えるのがベストです**。まずは、相手の決断に必要となる情報を提供し、相手のとる行動によって起こりうる結果を提示し、そのうえで自由に選ばせるのです。説教や強要、相手を惑わせるようなことはいっさい言ってはいけません。具体例をいくつか紹介します。

- レブルの子どもに親が日焼け対策を促す例：「よく晴れた日に外へ行けば、日焼けする。ひどい焼け方をすると、水ぶくれができたり、皮がめくれることだってある。そうなれば、友だちが外で遊んでいても室内でおとなしくしていないといけなくなるかもしれない。さて、あなたは日焼け止めローションを塗る？　それとも、帽子をかぶって長袖のTシャツを着る？」
- レブルの生徒に教師がボランティア活動を促す例：「この高校は、100時間の奉仕活動を卒業要件としています。1年生や2年生のときに活動を始める生徒には、活動内容や始める時期の選択肢が豊富にあります。着手を遅らせるほど選択肢は少なくなります。始めるのが遅すぎたせいで、春休みに奉仕活動に取り組むことになった生徒を何人も見てきました。奉仕活動について相談したくなったら、いつでもいらっしゃい」

・レブルの夫に妻が早めの段取りを促す例：「最近の子どもは忙しいから、みんな、カレンダーに書き込んである予定を見ながら家族の時間をつくっているんですって。だから、カブスカウトのデン（組）ミーティングを開くときは、開催日の前の週には知らせないと、出席できない子がでてくるかもしれない。そうなれば、うちの子は恥ずかしい思いをする。デンのリーダーはあなただから、日程をどうするかはあなたしだいね」

・レブルの患者に医師が運動を促す例：「60歳以上の人にとって、運動がさまざまなメリットをもたらすことは調査で実証されています。運動をしている人のほうが、自立した生活を送っている確率が高く、衰弱による転倒や身体の痛みが起きづらくなります。興味があれば、こちらのパンフレットにさまざまなタイプの運動が載っていますよ」

・レブルの部下のやる気を上司が鼓舞する例：「プロジェクトの予算がクライアントから通達された。期限は1か月だ。このプロジェクトにクライアントが満足すれば、関係が深まってもっと大きな仕事を任されるようになり、会社全体の利益が増えるかもしれない。どうだ。やってみたくないか？」

レブルは自分のやりたいことをやりますが、自分の行動が不本意な結果を招くとわかれば、「やっぱりやりたくない」と考えを変える可能性があります。最初は強く反発したとしても、

「選ぶのは君だが、○○については考えたか?」と言われれば、その情報を考慮したうえで改めて決断し直すのです。

「情報、起こりうる結果、選択の自由」作戦は、実際にレブルが不本意な目に遭わないことには効果がありません。つまり、レブルが自分自身の選択によって、身体に悪影響が出る、評判が下がる、都合の悪い事態に陥る、といった目に遭う必要があるのです。

そういう目に遭う姿を傍から見ているのはつらいことでしょう。しかも、その影響が周囲に及ぶこともあります。それでも、**レブルに代わって問題を解決したり、仕事をしたり、レブルの尻拭いをしたりしていては、いつまでたっても彼らに行動を起こす理由が生まれないのです。**

レブルは自分の選択でつらい目に遭うという話をオブライジャーの友人としていると、彼には思い当たるフシがあったようです。「妻がレブルだからすごくよくわかるよ。困ったことに、うちの場合は、妻だけでなくは僕もつらい目に遭う。妻がケーブルテレビへの支払いをしなければ、僕もケーブルテレビが見られなくなる。家を出る直前になってコンサートに行きたくないと妻が言い出せば、僕が払ったチケット代がムダになる」

「なるほど」私はできるだけ厳しく聞こえないように気をつけながら言葉を続けました。

「とにかく、何とかしたいなら、レブルである奥さんの心を動かす方法を見つける必要がある。あなたにも悪影響が及んでいることを、奥さんにも伝えないと」

また、別の友人と知り合いのレブルの女性の話題になったときは、こんな話を聞きました。「その大規模な慈善イベントに彼女も招待されたのだけど、彼女は出欠の返信をしなかった。事務局が繰り返し、『ケータリング業者へ最終人数を知らせる必要がある』とか、『出欠がわからないと困る』とか伝えても、音沙汰なし。結局、彼女は出席したんだけど、案内された席が最悪だとずっと文句を言っていた」

「だからね」私は4つの傾向を持ち出さずにはいられませんでした。「彼女にはそういう対応ではダメなの。事務局は、情報、起こりうる結果、選択の自由の順に提示すべきだった。『今すぐ返信いただければ、ご友人と同じテーブルの席をお選びいただけます。返信が遅れれば、席はどんどん埋まっていきますから、見知らぬ人と同じテーブルにせざるをえません。予定が決まりましたらお知らせください』っていう具合にね」

レブルには、情報、起こりうる結果、選択の自由を与え、説教や干渉、救いの手はいっさい与えない。このことを心がけてください。

皮肉にも、レブルの天邪鬼《あまのじゃく》な気質を利用すれば、案外簡単に彼らをそそのかすことはできます。**彼らが反射的に抱く、「言いなりになるものか」「(できると)証明してやる」「見てろよ」といった感情を利用するのです。**

娘がレブルだという友人は、娘をテレビから引き離せず困っていましたが、娘に向かって「最近はいろいろ大変だったから、リラックスしたほうがいいわね。何日かは家でくつろいでテレビでも観てなさい」と言うと、娘はすくっと立ち上がってテレビを消し、リビングを出ていったそうです。

「金曜までに報告書を書き上げるのは君には無理だと思う」「甘いものをやめられるわけがない」「君にはつまらないよ」といった言葉は、レブルの天邪鬼な気質を引き出すのに適していると言えます（中には言葉を真に受けるレブルもいるかもしれませんが）。

レブルに向かって「ああ、今日はジムに行かないのか」と言えば、すかさず「いや、今行くところだ」という答えが返ってきますが、「今日はジムに行くべきじゃないの？」と言えば、「行かない」という答えになってしまいます。

心理療法にも「逆説的介入」と呼ばれる治療があります。これは、変える必要のある行動をあえて患者に処方して変えさせるというものです。この治療に効果がある理由については諸説ありますが、もっとも効果が現れるのはきっとレブルだと私は思っています。

たとえば、ベッドを整えなさいと言うたびに癇癪《かんしゃく》を起こす子どもがいるなら、「ベッドを整える前に、数分ほど大声でめいっぱい叫びなさい」と言ってみてもいいかもしれません。

レブルのひとりは、反射的に反発しないように気をつけていると言います。「私はレブルなので、何かを頼まれたときや、進み具合を確かめられたときに最初にとる反応は、『嫌だ』や『放っておいてくれ』です。でもそのときに、たとえ頼まれたことであっても、それをやると決めるのは自分の自由意志だと言い聞かせるようにしています。頼まれたからやらないというのは、頼まれたことに縛られているのと同じなので」

レブルは何かを頼まれたり命じられたりすると反発したい衝動に駆られますが、**愛情から反発を抑えることもあります。**つまり、義務感からではなく愛情を示したいという欲求から行動を起こすのです。

愛する誰かにとって大事なことなら、レブルであっても愛情の証としてその期待に応えるほうを選ぶのでしょう。ただし、この場合であっても、やはり**自分で選ぶということがレブルには欠かせません。**

ティーンエージャーのレブルからこんな話を聞きました。「母が喜ぶことをしたくて、母が外出しているあいだに家事をやることにしました。それなのに、母は家を出るときに、私にその家事をやっておくようにと言ったのです。それを聞いた私はこう思いました。『冗談じゃない！　サプライズでやろうとしていたときは楽しかったのに、もう仕事になったじゃないか』と」

このように、医師、親、配偶者、教師、友人、上司などが押しつける言葉は、レブルの反発を招いてしまいます。

たとえそれが良い行動に対する見返り（例：「仕事を終えたら早く帰っていい」）であっても、レブルは支配の一環と受け止めるため、悪影響を及ぼしかねません。**称賛やはげまし、やる気の鼓舞なども同様に、レブルの場合は逆効果になる恐れがあるのです。**

レブルのひとりから次のようなコメントが届きました。

去年の夏、5キロ走れるようになるためのランニングプログラムに必死に取り組みました。生まれて初めて1マイル（約1・6キロ）走り終えたときは、そのことをフェイスブックに投稿しました。すると、多くのはげましが届き、「頑張って続けて！」や「この秋には5キロに到達ですね！」といったコメントをたくさんの人からもらいました。そのときは褒められて本当にうれしかったのですが、そのあと二度と走りませんでした。自分には出張や天気のせいだと言い訳していましたが、本当のところは、すべての期待に反発していたのです。

別のレブルからもよく似た体験談が届いています。

大学生のときは、勉強したいことを勉強していました。成績はかなり良かったのですが(平均95)、教授から呼び出されて「君ならもっと良い成績がとれる」と言われました。それ以降、私の成績は下がりました。さらに成績をあげて教授の言うように100点をとったら、教授の勝ちになると思ったのです。

レブルは誰にも舵を取られたくありません。それは楽しいことであっても同じです。レブルの夫を持つ読者の例を紹介しましょう。

結婚した当初は、私がセクシーな下着を身につけても夫が触れようとしないことを不思議に思っていました。でもだんだんそれが自分の中で笑い話となっていき、ロマンティックな夜を絶対に避けたいときは、黒やレースの下着を着ればいいと思うようになりました。夫はレブル気質がとても強く、セックスですら「相手に言われたから」という形を嫌がっていたのです。結婚して20年近くがたち、私は控えめで無関心を装うことを学びました。そうすると、夫のほうが行動を起こさなければと感じるようです。

こうした理由から、レブルが何かに取り組みたいと言い出したときは、「こっちのほうがいい」などと干渉しないのが賢明です。

レブルである夫が私のためになることをやる気になったときは、本人の好きにさせるのがいちばんです。だって、もう二度とないかもしれないのですから！

以前の私なら、平日の夜9時に突然夫が「ガレージを掃除する」と言い出せば、「週末のもっと時間があるときにしましょうよ。そうすれば、不用品をリサイクルショップに持っていくこともできるし。今日は早めに寝たほうがいいんじゃない」と言っていたでしょう。でも今なら絶対、「いいわね！」と言います。

レブルが身近にいると、協力を申し出たり、はげましたり、せっついたりしてレブルに行動を起こさせたくなります。その結果、レブルに拒まれ、腹を立てる。でも、実はそういう行為がものごとを前に進まなくさせているのです。レブルを急き立てれば、反発が生まれます。レブルの言い分を紹介しましょう。

仕事を探しはじめようとした矢先に、夫（オブライジャーです）があれこれ口を挟んできて、私の努力が足りないと言われました。そのせいで、仕事探しは始めていません。夫に見張られているような気がして、どうしてもやる気が起きないのです。

夫は私の仕事探しにもっと協力したいのだと言います。私ひとりに任せておけないと思っているのです。夫が放っておいてくれたら、うまくいっていたはずなのに。


レブルは人から命令されることも予定を組まれることも嫌がりますが、場合によっては妥協点が見つかることもあります。たとえば、特定の日時を指定するのではなく、**日時を選べる幅をもたせてレブルに提示するのです。**

レブルの同僚には、「ボスがまたいつものように、予算の草案をつくる大切さをくどくど言い出すころだ。だから来週の都合のいいときに、来年の予算について見直さないか」と言ってみてはどうでしょう。あるいはレブルの友人に向かって、「これから数か月はとんでもなく忙しくなるけど、この週末は時間がある。一緒に何かできると楽しいな。その気になったら電話して」と言ってみてもいいかもしれません。

レブルに行動を促すときは、「情報、起こりうる結果、選択の自由」をお忘れなく。

36 「反発心」を糧にすれば何でもできる

レブルは自分で自分を動かすことも苦手です。レブルは他者を苛立たせる一方で、その天邪鬼気質で自分のやりたいことまで拒んでしまうため、自分で自分に腹を立てることもあります。オブライジャーのひとりから次のようなコメントが届きました。

夫にこっそりと診断テストの設問を問いかけると、決まって診断結果はレブルになります（診断テストを受けたらと勧めても、夫は絶対に受けません！）。夫は縛られるのが嫌いで、何かに取り組ませてもすぐに心変わりします。それに、たいていは期待と反対の行動をとります。

ですが、やったら楽しいと思うことに自分を駆り立てられないことにストレスを抱えています。ジムに行きたいのに行かない自分が嫌で、まわりから無責任で信頼できないと思われていることに胸を痛めています。私は夫の意志の強さや真面目さを知っていますが、自分のためにやりたいことができない人はどうすればいいのでしょう？

レブルは自分の意志に従って行動したいと思っても、意固地になってできずじまいになってしまうことがよくあります。

予定に従うことや計画を立てることが、反発すべき対象に思えてしまうのです。それが本人が望んだ計画であっても関係がありません(念のために言っておくと、レブルの中にもやることリストや予定表が大好きな人はいます。リストや予定をつくることが自分のやりたいことであれば、計画に従うというレブルらしからぬ行動をとります)。

また、運動、請求書の発行、営業電話などを習慣にしたいと思っていても、どうしても型にはまることに抵抗を覚える自分に苛立つレブルもいるでしょう。やりたいことをやり遂げられるようになる方法は、これまでほかの傾向についても考察してきましたが、そのほとんどがレブルには効果がありません。

ではレブルはどうすればいいのでしょうか？　計画、予定、習慣、約束に反発してしまうなら、自分なりのやり方でやり遂げる方法を見つければいいのです。そのためには、「自分のやりたいことは何だってできる」と自分に言い聞かせることがカギになります。

たとえば、自分のアイデンティティを示すことになれば、レブルであっても期待に応えられるようになるでしょう。こうありたいと思う人のように行動するのです。

例を紹介しましょう。

私は作家なので、30日間の執筆チャレンジに登録すれば、観念して書きます。これからやろうと思っていることをブログに投稿するのは最悪です。そんなことをすれば、絶対に反発してやりません。

私はいつも、毎日執筆する人になりたいと自分に言い聞かせています。朝起きたらすぐに書きはじめる毎日を送っている自分や、書き終えたあとにどんな気分になるかを想像し、それから書きはじめるのです。

レブルは自分らしくあることをとても大事にします。そのため、アイデンティティ、すなわち**自分という人間のあり方を示すことになると思えば、習慣だって身につけられます。**

実際、あるレブルはこう話しています。「自分のアイデンティティのひとつを表すことになるのなら、習慣は自分を縛るものではなく、自分に正直でいられるようにしてくれるものとなる」

金銭的な目標を達成したいなら、「長期的な自由を手にできる賢い選択をする人物」というアイデンティティに注目してはどうでしょう。

別のレブルからも次のようなコメントが届きました。「健康的な食生活や運動、フロスなどを自分に期待しなくても、私は自分をとても大事だと思っていて、健康に気を配りたがっているのだと気づきました。それは私のアイデンティティのひとつであり、身体に良いことは自然にやりたくなるのです」

想像力豊かなレブルになると、アイデンティティを遊び感覚で活用することもあります。具体例を紹介します。

「同じことの繰り返しでしかない家事をする必要に迫られると、『嫌だ！』と全力で叫びたくなります。そこで、『なりきり』と名づけたゲームで遊ぶことにしました。やりたくないことをするあいだは、執事、コック、インテリアデザイナー、有名詩人、冷静な科学者などに完璧になりきります。くだらないと思うでしょうが、これが効くのです」

難題に挑みたがる特性を利用している人もいます。「やりたくないことを終わらせるときは、難題に挑戦していると自分を錯覚させます。『僕はルーティンを守ることに挑むレブルだ』と自分に言い聞かせるのです。そうするとワクワクしてきます。レブルなのに自分が期待していないことをきちんとやり遂げられるなんて、すごく反抗的じゃないですか！」

これとよく似ていますが、やり遂げたいことを自分が価値をおくことと結びつけてもいいでしょう。それにより、その何かを自己表現の一種だととらえられるようになります。

たとえば、「真剣に応援している慈善活動への寄付を募るためにマラソン大会に参加登録し、走ることを習慣にした」と言うレブルがいます。「自分が応援している活動のために

『何かしたい』とずっと思っていて、その強い思いに走ることを結びつけたおかげで、走ることが習慣になった」と言うのです。

反対に、ひとつのアイデンティティにとらわれることを嫌う性質を利用することを推奨するレブルもいます。その対象は、自分はレブルであるというアイデンティティでもかまいません。「私はレブルで、何ごとにも反発するという自覚があります。そしてここからが重要なのですが、そのレブル気質に反発して、自分の目標を叶える言動をとると決めたのです」

アイデンティティは、嫌なことを避けるという形をとることもできます。つまり、「こうありたくない」と思うことで習慣を身につけるのです。「自分は、練習に遅刻して子どもたちを待たせるようなコーチにはなりたくない」とレブルの男性は言います。

「おそらく母親の影響でしょうが、『責任感が強い』というのが私のアイデンティティにあり、無責任だと言われることに何よりも反発を覚えるのです」

実に巧妙にレブルの反発心に火がつかないようにしているレブルもいます。そういう人はたいてい、**ゲーム、チャレンジ、選択といった要素をうまく取り入れています。**

「長期にわたる重要性が高い（が私にとっては退屈な）プロジェクトには、自分にとってチャレンジになることを加えます。たとえば、『オンサイト業務を始めて間もないフリーランスに任せた書類仕事を、来週の月曜日までにすべてまとめる』という具合に」と言う人もいます。

また、次のようにルーティンワークやスケジュール管理をゲームととらえて定着させたレブルもいます。

やることリストをつくる代わりに、紙1枚につきタスクをひとつ書きます。それを小さく折りたたんで全部ボウルに入れ、ひとつ引いてそこに書かれているタスクを実行するのです。

そのタスクが完了するまで、次の紙は引きません。こうするとゲームをしている感覚になりますし、ただタスクが書き連ねてある紙より、小さく折り畳まれた紙を見るほうが陰鬱な気分でなくなります。

単純に呼び方を変えることで、やることリストを活用しはじめたレブルもいます。

「『やることリスト』をつくって何かをやり遂げたことはほとんどありません。リストを書いた途端にやらないといけないことが生まれるなんて最悪です。でも、『やってもいいことリスト』なら、その名前を見るたびに、やるかどうかは自分で決めればいいのだと思い出すことができます」

あるいは、見方を変えて状況をとらえ直すこともできます。「この人は自分が◯◯することを期待している」といった反発の引き金となる考え方をやめて、「自分がこの人にやらせたいことを、この人が自らやってくれるおかげで、望む結果を手にすることができる」や、「この仕事は、身につけたいスキルを教えてくれるものだ」と考えるようにするのです。

レブルの友人の例を紹介しましょう。「住宅ローンのブローカーから資金に関する情報を送るように言われて拒んでいたけど、『この人は私のために仕事をしていて、私の住宅ローンを借り換えようとしているのだから、余裕資金を大手の銀行に預けるのはやめてそちらに回そう』と思ったら、情報を送る気になって送った」

制約を嫌うというレブルの性質は、プラスに働くこともあります。タバコ、ジャンクフード、アルコール、テクノロジーなどに依存や縛りや支配を感じたときに、この性質を活用してそこから脱すればいいのです。例を紹介します。

ダイエットプログラムに取り組んでいると、ときどき「自分のやりたいようにできない」と感じて反発し、途中でやめたくなることがありました。でも今は逆に、「やりたいことは何だってできる。私がやりたいのは、このプログラムが推奨する食生活を送ることだ」と考えるようにしています。

身体に良くない食べ物は、人に何かを強制するもの。脂肪、塩分、糖分をたっぷり含むことで、栄養価が低く添加物にまみれた粗悪なものを私たちに食べさせようとします。

そうして食べさせて人を夢中にさせ、欲しがらせ、食べずにはいられなくさせるのです。高いくせに栄養のないジャンクフードなんて、誰が食べるものか！　クッキー、クラッカー、ポテトチップス、精白粉、精白糖はもちろん、ヒッピーが好む商品ですら、身体に良い食べ物のフリをしているだけだと私は思います。それだけで反発したくなりませんか？

こういう食べ物を避けることに不自由は感じません。私はレブルなので、自分のルールを気まぐれに破ることに抵抗がなく、食べたいと思えば食べます。ただ単に、基本的には身体に良くない食品全般に反発しているだけです。

レブルは予定に縛られることを嫌うので、彼らの好きなタイミングでやりたいことをやるのが望ましいと言えます。つまり、**反発が起こりうる期待が何もない状態が理想的だということです**。たとえば、スマートフォンのアラーム機能に運動の時間を設定すれば、反発したくなる恐れがあります。それよりも、近隣のエクササイズ教室の時間をすべて把握しておいて、運動したい気分になったときに好きな教室を選ぶほうがいいでしょう。

また、起きてほしくないことが起こるとどうなるかを自分に言い聞かせているレブルもいます。レブルのひとりはこんなことを言っていました。「納税申告の期日を守るのは、期日を破って国税局と揉めるほうが大変だと実感したから。車のウインカーを使うのは、交通ルールを守るためじゃない。バカなドライバーにぶつけられたくないから」

自分を追い込むためにあえてつらい状況をつくり出す人もいます。収入を得たらすぐに散財し、次々に作品を世に出した作家がいるという話を聞いたことがあります。この作家は、書かなくてもお金に困らなくなれば、執筆しなくなるとわかっていたのだと思います。

レブルという傾向がどういうものかを理解しさえすれば、その力を活かしてやりたいことがすべてできるようになるのです。

37 ルールをとにかく破りたい

レブルという傾向は驚くべき矛盾を孕んでいます。たとえば、軍、警察、大企業、宗教団体というように、期待やルールが多い組織に引き寄せられるレブルがいるのです。

これは、自らの行動に強い必要性が生まれるからです。レブルのひとりはこう話します。

「軍や聖職の道に進みたがるレブルがいるのは、日々の雑事にある種の目的が与えられるからじゃないかな。オフィスで働くレブルは(自分も含めて)、囚われの気分でいるから」

別のレブルもこの意見に同意しています。「聖職者や軍人になるレブルは、全身全霊を捧げるだけの価値を見いだしたんだよ」

また、反発からエネルギーや自分の進む道を得るレブルは多いので、規則が厳しい環境に身をおけば、無視したり破ったりできる規則や制約、慣習に事欠きません。

この点について語ったレブルのコメントを紹介します。

元海兵隊のひとりとして、軍にレブルが多いという意見はそのとおりだと思います。私自身もレブルですが、レブルは社会のルールに従うことを拒んで自分にかなり不利な状況を生み出しかねないので、刑務所か軍のどちらかを選ばざるをえなくなるのではないでしょうか(実際にそうなった人が身近に2人います)。

また、軍には従わないといけない規則が大量にあるため、破る規則はよりどりみどりです。そのおかげで、私は厳しい海兵隊に残りつづけることができました。ほとんどの規則が生死にかかわるものではないので、そういうものをたくさん破りましたが、それでも大きく昇進し、さまざまな賞をもらいました。

縛りが多い立場で働くほうが、自由すぎるとつぶれてしまうというタイプのレブルには向いているのかもしれません。実際、「私は支配層と闘うが、闘う対象があるから支配層のひとりでいたい」とレブルのひとりは言います。

厳しい規則に引きつけられるレブルについて調べる中で、トマス・マートンのエピソードがとくに印象に残りました。マートンはトラピスト会の修道士で、彼の著作は1950年代から1960年代にかけて世間に大きな影響を与えました。2015年には、今日の世界に多大な影響を与えたアメリカ人のひとりとしてローマ教皇がその名をあげています。

マートンは多くの著作を通じて、反対したい衝動、自由への渇望、独自のやり方でものごとに取り組む決意といった、レブルとしてのものの見方を何度となく披露しています。

レブルにとって、自由は何よりも貴重なものであり、マートンにとっての自由は、神の意志に対して完全に降伏することから生まれます。降伏は、とどまることのない反発心やエゴ、そしてそれらに伴う要求、雑音、苦しみから逃れられることの約束なのです。

1941年、マートンはケンタッキー州にあるトラピスト会のゲッセマニ修道院で修道士となりますが、修道士として独自のやり方を貫きました。トラピスト会の修道士は厳密なスケジュールにもとづいて地域に奉仕することになっているのですが、マートンは修道院長を説得して自分の住処を別に設けたそうです。そして引っ越してからは、修道士としての義務や奉仕労働をほとんどしなくなりました。おまけに、その「住処」は誰にも監視されない、多くの来客が訪れる場所となったのです。

そして1966年、マートンは壮大な反乱を起こします。病院で手術を受けたのち、Mという看護学生と恋に落ちたのです。マートンは平然と規則を破りました。ふたりは、禁じられているはずの訪問、手紙のやりとり、電話のやりとりを何度も繰り返し、友人を巻き込んで密会の手はずを整えてもらったりもしました。マートンは、彼がやりたいことはすべて神に許されていると本気で思っていたのでしょう。レブルという傾向は、パワーと矛盾にあふれているのです。

レブルまとめ

強みと思われる性質

独立志向
既存の枠にとらわれない考え方ができる
社会通念にとらわれない

独自の道を進むためなら、慣習に抗うことも厭わない
自分の正直な欲求を把握している
自発的に行動する

弱みとなりうる性質

頼みごとや命令のほとんどに反発する
非協力的
周囲への配慮に欠ける
同じことを繰り返す類いのタスクをやり遂げられない
当たり前のルールが通用しないかのような言動をとる
落ち着きがない（例：仕事や人間関係が長続きしない、同じところに長く住めない）
ルーティンや予定の構築が苦手
周囲にどう思われてもあまり気にならない

9章

レブルを「その気」にさせるには

38 選択肢を与えよう

レブル（抵抗する人）は職場に大きな強みをもたらします。彼らには慣習から抜け出そうとする意思があるほか、**既存の枠にとらわれない考え方ができ、自分の関心や欲求に忠実であろうとするからです。**

レブルから、レブルのすばらしいモットーを表したメッセージが届きました。

自分をひと言で表すと、「指示に従わない」となる。

目的と職務が一致していれば、レブルは職場で成功するでしょう。

また、高い生産性を秘めていますが、それを発揮できるのは自らのやり方で働くことが許される場合に限ります。**指示や監視が少ないほど、彼らは力を発揮するのです。**

ただし、反発の対象となる何かがなければ力を発揮できないレブルもいます。

レブルの多くは、自分にとってチャレンジとなることに嬉々として取り組み、自分のやり方で仕事ができる環境で活躍します。

大学を卒業後に大手のコンサルティング企業に就職し、そこですばらしい上司に恵まれました。厄介なプロジェクトを私に任せるときは、「ここに厄介な案件がひとつある。どう解決していいかわからないから、君が担当してくれ。3か月で答えを見つけて報告してほしい。困ったことがあれば、いつでも言いなさい」と言ってくれました。

そういう条件のおかげで、私は最大限に力を発揮することができました。本当に最高でした。でもその上司がいなくなり、細かく管理したがる人が新たな上司となりました。それで結局仕事を辞めて、自分で起業したのです。

念のために言っておくと、最初の上司の「干渉しない」という姿勢は、レブルにはとても効果的ですが、オブライジャー（義務を果たす人）には効果がありません。

レブルは難題に挑むことは大好きでも、同じことを繰り返すありきたりな作業は苦手です。

レブルのこうした気質が問題になるかどうかは職場しだいでしょう。レブルの女性はこう話します。「ルーティン業務を疎かにしているぶんを埋め合わせるため、好きなこと（やりがいを感じる大きな難題に挑むこと）に全力で取り組んでいます。仕事はかなりうまくいっていますが、自分の努力を思うと、もっと成功してもいいように思います。ルーティン業務が足りないぶんを補ってあまりある仕事をしていますから」

この女性は上司と話し合って、ルーティン業務を減らしてもらうといいかもしれません。そもそもやっていないのだし、そのほうが大きな案件に集中して取り組めるのですから。

レブルは命令や指示に基本的には従おうとしませんが、責任者という立場になると協調性を発揮する人もいます。「私はみんなに私のやり方に従ってもらいたい。社員にも子どもにも。レブルというのは厄介で、どんなことにも従いたくない。だから、私のやり方に賛同できる人材を雇うようにしている」とレブルのひとりは言っていました。

あるとき、私の友人のレブル男性で多くの尊敬を集める教授が、「学問の世界はレブルにとって魅力的だ」と言い出しました。

「でも、終身在職権を得るのは大変なのでは？」と私は尋ねました。

「それには著作が必要になるが、何を書くかは自分で決められる。本を1冊、2冊でもいいし、論文をたくさん書いてもいい。終身在職権を手にしてしまえば、講義を行うこと以外に義務はなく、講義をどう行うかも自由に決められる。学部長から、『何か書いたほうがいい。最後に本を出版してからもう10年になるじゃないか』と言われることもない。たとえそう思っていたとしてもね。私が書くのは書きたいからであって、誰かに書かされているわけじゃない」

上司としてのレブルは、刺激的で独創性にあふれています。自らのビジョンを実現させる決断力と意欲を持ち合わせたリーダーとなるでしょう。それと同時に、部下にとってはとても厳しい上司となるかもしれません。

クエスチョナー（疑問を持つ人）のひとりから次のようなコメントが届きました。

かつての女性上司がレブルだと気づいたときに、だからクエスチョナーの自分には彼女の言動が理解できなかったのだと腑に落ちました。

彼女は上司から頼みごとをされると必ず文句を言いました。彼女自身がやろうと思っていたことを頼まれたときもです。また、業務処理のやり方をみんなで決めたにもかかわらず、1週間後に彼女がそれを覆したこともあります。

クエスチョナーとしては、レブルの下で働くのは苦痛でした。上司が何かを選択しても、なぜそれに決めたのか、一度決めたことをなぜ覆すのか、といったことが理解できなかったからです。彼女の決断や仕事の振り方に、論理的な理由があると思えたことは一度もありません。

レブルと一緒に働く人は、情報を提供して起こりうる結果を率直に指摘し、とるべき行動の選択肢を提示するといいでしょう。要は前章で説明した、「情報、起こりうる結果、選択の自由」を与えるのです。

たとえば、「週に一度のスタッフミーティングで、さまざまな重要事項や仕事の分担が決まるから、このミーティングを欠席すれば、会社の方針に関して発言する機会を失い、望まない仕事を割り当てられることになるかもしれない」と言えばいいのです。

また、強いリーダー、影響力の大きいビジョナリー、部下思いの上司になりたいと望んでいるレブルは、そう見られる言動をとろうとするので、「月次ミーティングに出席すれば、部下のアイデアや不満に耳を傾ける気があると思われる。出席しなければ、近寄りがたい存在として、部下の意見に関心がないと思われる」と言えば効果があるでしょう。

レブルには、自分で起業したがる人やフリーランスとして働きたがる人が多いのですが、それは、誰に何を命じられることなく、自分で決めたスケジュールとやり方で仕事をしたいという理由からです。しかし、自分に何かを強制するのも嫌なせいで、なかなかうまくいきません。締切があることに耐えられず、細かい作業や繰り返しの作業をやりたがらず、スケジュールに縛られることを拒みます。それがレブルなのです。

そのため、レブルが起業する場合は、不可欠な業務を確実にやり遂げてくれる別の誰か（たいていはオブライジャー）と共同で事業を始めるケースがほとんどです。

成功を収めているインターネットサイトを立ち上げたレブルに話を聞くと、「ビジョンを掲げ、ブランドの顔として発言し、次に向かうべき場所を提案するのが私の役目です。オフィスに行く日もありますが、行かない日もあります。広告主への対応や社員の管理、財務面は共同経営者が担当しています」とのことでした。

オブライジャーに加えて、家族が仕事上のパートナーとなるケースも多いでしょう。これはたぶん、身内のほうが彼らに理解を示し、レブルの扱いにも慣れていて我慢がきくからだと思います。

39 頼みごとはできるだけしない

レブルと恋愛関係を続けるのは大変なことです。その証拠に、「レブルとの恋愛は長続きしないことが多いのか?」と尋ねられたことは一度や二度ではありません。とはいえ、サンプル調査の結果を見る限り、**レブルだからといって配偶者やパートナーと一緒に暮らす期間が短いということはないようです。**

自分の愛する人がレブル傾向だと認識すると、その人の言動をレブル特有のパターンとして受け止めやすくなります。大学時代の友人は次のように言っていました。「夫がレブルだとわかってから、ずいぶん気がラクになった。今ではもう、夫に何かしようと提案して『絶対にやらない』と言われても、深刻に受け止めない。私や夫婦関係に対する感情から拒むんじゃなくて、誰にでもそういう答え方をするとわかったから」

また、切迫した状況になれば、レブルといえどもさすがに行動を起こします。

レブルを夫に持つアップホルダー（約束を守る人）の女性から、離婚の危機を迎えて夫の態度が変わったというコメントが届きました。

最初のうちは、はっきりいって私がすべてやっていました。そして1年もたたないうちに結婚生活は危機を迎えます。でも夫に結婚カウンセリングに連れて行かれ、そこで互いの違いに敬意を払うことを学びました。

アップホルダーの私は、さまざまなことに対してモチベーションが生まれます。一方、レブルの夫のモチベーションとなるのは「愛情」。愛情を感じることのためなら行動を起こします。それが唯一のモチベーションなのです。

夫は私への愛情から、私にとって大事なことを特定し、私がそれらに取り組みやすくなるように懸命に支えてくれています。私と夫それぞれの個性を活かした結果、私たち独自のライフスタイルが生まれました。私は起業して事業を経営し、夫は子どもたちの世話をしています。

レブルを配偶者に持つ人が気をつけるべき点は何でしょうか？　**レブルは、頼みごとをすればするほど反発します。**レブルを配偶者に持つ人の言葉を借りるなら、「20年たってようやく気づいたが、頼まないようにしたほうが、配偶者がやってくれることが増える」のです。

そして、レブルの人間関係には顕著なパターンが見受けられます。家庭にせよ職場にせよ、レブルが長期的に良好な関係を築くとき、**たいていその相手はオブライジャーなのです。**

レブルの言動に寛容なアップホルダーやクエスチョナーが少ないからでしょう。アップホルダーにとってのレブルは「衝動的で無責任な人」で、レブルにとってのアップホルダーは「頭が堅い人」です。また、クエスチョナーにとってのレブルは「衝動で動く人」で、レブルにとってのクエスチョナーは「分析ばかりやっている人」です。でも、オブライジャーはレブルの言動に感謝し、レブルのものの見方に助けられることがあるのです。

アップホルダーやクエスチョナーは、期待に反発するレブルの態度を快く思いませんが、オブライジャーはその態度によって（いつもとは言わないまでも）助けられることもあれば、まわりに媚びへつらわない姿勢に胸がすく思いをすることもあります。オブライジャーは、外からの期待に応えねばならないという重圧をつねに感じているため、嬉々として反発する人がいるとホッとするのです。

レブル男性と結婚したオブライジャーのコメントを紹介しましょう。「外国のとある場所で開催される作家のイベントに夫が招待されたときのことです。夫婦で参加したところ、招待側から公開討論会やカクテルパーティなどへの出席も求められました。私が『費用を全部持ってくれたうえで招待されたのだから、出席を求められているものには全部出席しないと』と言うと、夫は『冗談じゃない。どれにも出席する必要はない』と言い、結局やりたくないことは何ひとつしませんでした」

別のオブライジャーは、レブルと一緒にいたい理由を次のように説明します。

私たちオブライジャーにもレブルのような反発心が間違いなくあり、私は髪を奇抜な色にするのが大好きです。だからレブルが好きなのです。レブル傾向の人たちは、反発したい気持ちのままに行動すればいいと言って、義務感から解放してくれます。

私の夫と親友はともにレブルで、彼らといると人生が楽しく、自分の「奇妙な」こだわりがクールに思えます。それに、私が燃え尽きそうになると、自分を大事にするようにと諭してもくれます。一方、クエスチョナーとアップホルダー（兄と義父）は、できないのにたくさんの責任を引き受けた「理由」を尋ねることしかしません。

確かに、外からの期待に反発することを勧めるレブルは、オブライジャーが反乱モードに陥らないための一助となるかもしれません。オブライジャーのひとりはこう話します。

「レブルの夫との生活は大変な面もありますが、『ノー』という言葉には必ず理解を示してくれます。何もしたくない気分になるのは夫にとって当たり前のことで、私にもすべてに『イエス』と答えることを期待しません。夫のそうした姿勢のおかげで、従うことより従わないことのほうがつらいと感じがちな私でも、自分に正直でいようと思えるのです」

この、**反発を容認するというレブルの姿勢は、期待に応える重圧からオブライジャーを解放する役割を担う**と言えるでしょう。

オブライジャーを配偶者に持つレブルからすると、オブライジャーは自分にかかる日常的な期待を無視しやすくしてくれる存在です。彼らは必ずレブルの尻拭いをしてくれます。

オブライジャーを夫に持つレブルの女性から次のようなコメントが届きました。「日々の雑事をこなして私の生活を快適にしてくれる夫は、私にとって最高のパートナーです。夫にも、私のおかげで今という瞬間を楽しみながら人生を謳歌している、と言ってもらえるといいのですが」

この種の交換条件を双方が納得していれば、結婚生活はうまくいくのです。

オブライジャーの友人と話していたときに、「私が住む地域では、有料道路の料金を自動支払いにするタグが必要なの。そのタグをレブルの夫に渡して車のフロントガラスに貼っておくように言ったんだけど、夫がタグをなくしちゃって、かなりの額の罰金を請求されてるわ」と言い出しました。

「そんなことにお金をムダにするなんて、家族として腹が立つんじゃない？」と私は尋ねました。

「別に。夫は私が機関に連絡して、タグを貼っていたけどタグの機能に問題があったと主張して罰金を免除してもらうと思っているから、まあ、これから私が交渉しなくちゃいけないんだけど。夫は通行料を払うこと自体に納得していないから」

アップホルダーである私は、彼女の言葉に正直愕然としました。

同じくレブルを配偶者に持つ別のオブライジャーの友人は、こんな思い出話を語って聞かせてくれました。「独身のとき遊びに行った友人の家の冷蔵庫に、その友だちと夫の家事分担リストが貼ってあった。それが本当に衝撃的で、『こんなリストは絶対つくらない。点数をつけあうような結婚はゴメンだ』と思った。私にとっていちばん大事なのは調和。相手がちゃんと分担をやっているか心配するくらいなら、私が多く家事をやる」

私はアップホルダーなので、この友人が理想とする結婚生活のことを不公平に思ってしまいます。夫のジェイミーが彼自身には何も課さずに私に期待を押しつけてきたら、穏やかではいられないでしょう。とはいえアップホルダー以外の人から見れば、私もきっとオブライジャーの友人が望まないような、点数をつける妻に思えるのかもしれません。

レブルに対し、少々厳しい口調で「レブルはみんなが面倒を見なくちゃいけない人種」だと言っていた友人がいます。この言葉は、反発しながらも他者に依存するというレブルの矛盾する一面を突いています。日常生活につきものの責務からレブルが逃れられるのは、彼らに代わってやってくれる誰かがいるからです。

また、**レブルは計画に従わないと意思表示をすることで自由を感じますが、この特性を逆手にとれば、レブルに思い通りの行動をとらせることも可能です。**

たとえば、次のように思っているレブルの女性がいます。「夫（旅行の計画を立てる役）が事前に何をするか秘密にしている旅行がいちばん楽しめます。そういうときの彼は、『○○ができるけど、参加するかしないかは君しだいだ』という言い方をします。そのときどきの気分に任せる。それが楽しいのです。自発的に行動している気分になれるので」

どうやら彼女は自分で選んで行動している気になっているようですが、その行動を設定しているのは彼女の夫です。

レブルがクエスチョナーやアップホルダーと結婚した場合は、相手がオブライジャーの場合と比べて互いの努力がもっと必要になるかもしれません。夫と子どもがレブルだというクエスチョナーのコメントを紹介しましょう。

フランス革命のときは、レブルの精神が重宝されていただろうと思います。ですが、いまはフランス革命期ではありません。

レブルの男性と結婚したことを、私は後悔しています。つきあっていたときは、私の要望をたくさん受け入れてくれました。ところが結婚した途端、そうではなくなりました。

互いに歩み寄ろうとすることはできますが、相手がオブライジャーだったら、これほどの苦労はなかったと思います。それに夫も、私が口にする疑問にうんざりしています。

レブルとクエスチョナー／アップホルダーの夫婦のすべてがこれほどの困難にぶつかるわけではありません。食事の席で、レブルの女性と結婚したアップホルダーの男性と隣になったときのことです。私が彼にどうやって我慢しているのか（実際にはもっとオブラートに包んだ言い方でした）と尋ねると、彼は「妻がとても思いやりがあって愛情深い女性なので、結婚生活はうまくいっていますよ」と言い、私はその答えに興味を持ちました。

人の傾向は、その人の一側面にすぎないことがよくわかります。「妻に何か頼みごとをすれば、即座に『ノー』という答えが返ってきますが、１週間ほどすると、私の頼みごとを考慮に入れた解決策を提案してくれるのです」

「たとえばどんな？」

「たとえば、妻から玄関ポーチにこんな家具を置きたいと写真を見せられたとき、私はポーチが狭苦しくなるのではないかと言いました。彼女は『そんなことはない。大丈夫だ』と反論しましたが、1週間後にまったく違う家具を提案してきました。ポーチが狭苦しく見えない家具になっていましたよ」

「なるほど」私はうなずくと、「奥さまに何か拒まれたことはありませんか？　あなたが大事だと思うような何かを」とさらに尋ねました。

「ありますよ。結婚したとき、妻が贈り物をくださった人たちにお礼状を書かなかったのです。あれは大問題でした」

「あなたが書けばよかったのでは？」

「書けるものなら書きましたよ！　でも、妻が書いていないと知ったときにはもう、贈り物の大半を開けてしまっていたので、誰にどれをもらったのかわからずどうしようもありませんでした」。男性はそう言ってため息をつきました。「今でも思い出すと腹が立ちます」

レブルと結婚したアップホルダーの女性は、次のように語ってくれました。

夫とは大学で出会いました。最初からふたりの傾向は明らかで、私は大学で優秀な成績を修め、夫は落第寸前でした。夫はとても頭が良いのですが、講師から提示された課題が気に入らないと、違う課題に取り組んで提出していたのです。勉強はちゃんとしていましたが、彼独自のペースで行っていたため、しょっちゅう赤点をとっていました。

独自の時間軸でものごとを行うので、大学生になったのも24歳のときです。一方の私はルールがあれば守らずにいられない性格で、大学院の学位を2つ取得しました。

夫に何か勧めたり頼んだりすれば、彼は反対の行動をとろうとします。

この部分を理解するにはずいぶん時間がかかりましたし、厄介だと思う人が多いと思いますが、私は夫の自立心の高さに感謝しています。

私たちが従来の形にとらわれないライフスタイルになったのは、彼のレブル傾向によるところが大きいです。彼より私のほうがキャリアの形成に熱心なため、私の転勤や転職に伴って彼も引っ越し、今は私が稼ぎ頭です。ふたりで話し合って子どもはつくらないと決め、今も子どもはいません。夫は自宅で小説を書いています。私が修士号と博士号を取得するあいだは経済的（そして精神的）に支えてくれて、お金の心配がなくなった途端に仕事を辞めて執筆に戻りました。家事はふたりで分担し、食事はそれぞれがつくります。

また、夫がレブルであるおかげで、彼の人生の選択に私はいっさい責任を持たなくていいこともありがたいと思っています。夫の選択が私の人生に影響を及ぼすとなれば厄介ですね。夫に何かを強制させることは、私には絶対できないので。

どの夫婦関係にも言えることですが、愛する人の良い面に意識を向けられるようになれば、夫婦関係はうまくいくのです。

40 指示をしないで見守ろう

レブルを自覚する人の多くは、子どものときに自分はレブルだと気づいた瞬間、すなわち「自分に何かを強制できる人はいない」と気づいた瞬間について進んで語って聞かせてくれます。たとえば、「床に座っていたら母親から靴を履かされそうになり、その瞬間、『勝手なことをするな！』という思いが生まれて拒んだ。そして結局、そのまま2時間座っていた」という具合です。

レブル傾向の子どもは扱いが難しいと言えます。何かを頼んだり命じたりしても、基本的に拒むからです。自分の思うとおりに行動することを望み、他者に期待を課されることを嫌がります。娘がレブルだという友人は、「娘に『5分したらベッドに入るわよ』と言ったら、『4分後にして』と言われた」そうです。
親、教師、コーチといった立場の人は、レブルの子どもに何かをさせようとしても、それは現実には逆効果でしかありません。15歳のレブルは次のように語りました。

私は12年間リベラルな考え方をする母親から自由を与えられて育ち、その後保守的で厳格なアップホルダーの父親と住むことになりました。
父の要求に即した行動をとれば、父は勝ち誇ったかのような態度になり、「もっとそういう行動をとれ」というようなことを言います。父がそういう態度でないときは良好な関係ですが、父から何か頼まれると反発してしまいます。また、父は私の勉強の仕方に理解を示さず、私のことを怠惰でわがままだと決めつけています。

残念ながら、この父親はレブルの子どもにあれこれ指示してもうまくいかないと気づいていないのでしょう。もちろん、その子が危機を感じる状況を設定すれば、子どもに言うことを聞かせることはできるのでしょうが、そういうやり方で長期的に言うことを聞かせるのは非常に難しいことです。

では、どうすればレブルの子どもは言うことを聞くのでしょうか？　すでに述べてきたように「情報、起こりうる結果、選択の自由」を与えればいいのです。もちろん、口うるさい催促や干渉は厳禁です。

これは親にとってはとてもつらいことでしょう。子どもの好きにさせるということには、不安を感じるだろうと思います。

けれど、ルールに従わせようとしても逆効果になることがほとんどなので、**子どもの判断を信じるほうが（危険に思えるかもしれませんが）好ましい行動をする可能性があるのです。**

レブルの子どもを持つ親がどんな工夫をしているか具体例を見てみましょう。

「レブルの子どもを納得させるには、決断に必要な情報を与え、質問という形で問題を提示して子どもひとりで答えを出させ、子ども自身が決断して行動を起こすまで黙って見守るのがいちばんです。決断は、誰も見ていないところで下させます。誰かが見ていれば、それは『期待』になります。誰も見ていないと思えば、期待に反発したくなることはありません」

レブルの子どもに見受けられる深刻な問題をひとつあげるとしたら、学校を辞めたいと言い出すことです。子どものレブル傾向に配慮すると決めた家族の話を紹介します。

妹のリンは誰の目から見てもわかるレブルです。妹は幼稚園のときから学校というものに馴染めませんでした。といっても、知性が足りなかったわけではありません。

高校に入ってからは、辞めたいと口にするようになりました。そしてこの夏に、それが現実のものになろうとしました（卒業まであと1年だというのにです）。

両親がリンと話をする前に、私は母に、中退を認めてやってはどうかと提案しました。そして、リンがレブル傾向であることや、レブルがやりたいことを見いだす流れを説明すると、母親は渋々ながらも同意しました。

それから数週間がすぎると、リンは退学の話をしなくなり、代わりにオンラインで高校を卒業することを話題にするようになりました。そして今日、高校を続けるつもりだと私に言いました。高校側が、リンのニーズに合わせて時間割を見直してくれたのです。

当然ながら、このような結果になったのは、両親がリン自身に決断を下させたからです。そのおかげで、妹は自分の思い通りに自ら決断を下したと感じることができました（実際にそうしました）。両親が学校に残るようにと強く言っていたら、いったいどうなっていたことか。


これと同様のコメントが教師からも届いています。

私は郡刑務所で教師をしていて、GED（訳註：高校卒業に相当する資格を有するための、高校中退者向けの試験）や高校の卒業資格のための授業を主に行っています。

先日、何でも自分の思い通りにしたがる生徒に出会いました。彼女は看守に口答えし、宿題を出しても提出しません。どうしてもGEDを受けたいと言う彼女の言葉は本心からのものに思えたのですが、勉強しようとはしませんでした。

そしてあるとき、彼女はレブルだと気づきました。レブルとはどういうものかを彼女に説明すると、彼女は自分自身のことを前向きにとらえるようになりました。

その後、私は宿題を出すのをやめ、彼女自身に決めさせるようにしました。コンピュータソフトを学ぶ、グループ学習に加わる、ひとりで勉強する、いっさい勉強しないというように、その日どうするかを彼女自身に毎日決めさせたのです。そして彼女は5教科すべての試験に合格し、高校卒業と同等の資格を得ることができました。

ご覧のとおり、レブルは自分がやりたいと思えば何でもできる人です。

他者から何かを頼まれたり命じられたりすると、レブルは反発したくなるので、相手が子どもであっても言い方に注意を払い、命令に受け止められかねない表現をすべて排除することがとても重要になります。親にしてみれば、「ジェーンおばさんに楽しかったと伝えるのよ」との言葉は命令ではないように思えるかもしれませんが、実際には命令です。ちゃんと挨拶するつもりが子どもに元々あったとしても、そのひと言を聞けば言いたくなくなるのです。このようなときは、ジェーンおばさんの家へ向かう車の中で、「ジェーンおばさんの家に行ってあまり楽しくなくても、おばさんの顔を見るたびに感謝の気持ちを思い出して。そうすれば、話すときに気持ちが伝わるから」と言ってはどうでしょうか。そのうえでどうふるまうかは子ども自身に委ねればいいのです。

生徒がレブルだと気づいて方針を変えた音楽教師の例もあります。

私はひとりの男子生徒に授業の「邪魔をする者」ではなくリーダーになってもらおうと思い、教材を配布する、隣の生徒に教えるといったことを彼に頼みました。そういう責任ある仕事をやりたがっているように見えたのですが、なぜかリーダーになるチャンスに飛びつこうとしません。そして彼がレブルだと気づき、私の申し出に反発するのは、彼自身の決断としてリーダー役になりたいからだと理解しました。

そこでクラス全員に向かって、「担当パートの歌と手の動きを全員同時にやって見せてください。上手にできている人の中からリーダーを選びます」と言いました。これで彼に選択肢が生まれました。一生懸命にやってみせるか、恥ずかしがって実力を出さないかは彼しだいです。結果的に、彼は本当に一生懸命にやってみせました。そして、「あなたのセクションのリーダーをやってくれる?」と、命じるのではなく尋ねると、彼は「イエス」と答えました。それからの彼は本当に楽しそうにリーダー役を務めていました。

レブルの子どものやる気と興味を何かに向かわせたいなら、**その何かをいかに楽しんでいるかを子どもに気づかせてやってください。**そうすれば、子どもの続けたい気持ちが高まります。たとえば、「新聞に載せる記事を書くのが好きなのね。紙面で自分の名前を見つけることや、新聞制作にかかわる子たちと一緒にいるのも楽しいでしょう」や、「優等生協会の名簿に名前があるのは気分がいいでしょう」と伝えるといいでしょう。

また、期待に応えたくなりそうな理由をレブルの子どもに示してやるのもひとつの手です。たとえば教師なら、「今学期に優秀な成績を収めた生徒は、来春のホワイトハウス訪問企画の参加資格を得ることになります」といった情報を伝えることができます。

自身もレブルだという音楽教師はこう語ります。「レブルの生徒のモチベーションを高めるために、演奏の腕が上がれば信じられないようなチャンスに巡り合えるかもしれないと繰り返し伝えています。それが私には効果的だったので。称賛されるようになるかもしれない! というのが私のモチベーションでした」

同じ活動でも、制約や義務ではなく、選択肢、自由、自己表現といった形で提示すると、レブルは前向きな反応を示します。たとえばレブルの子どもを自転車に乗れるようにしたいなら、「自転車に乗れるようになりたいなら、いつでも教えるよ。乗れるようになったら、友だちと一緒に楽しい冒険に出かけられるね」と言えばいいでしょう。決して、「自転車にも乗れないようじゃ、友だちに笑われるよ」と言ってはいけません。

レブルに対しては、**期待に応えなかった場合に起こりうる結果を明確に伝えることが大切です**。そしてさらに、応えなかったことの報いを味わわせる必要もあります。親と子どもの両方にとって酷なことですが、これについて、次のようなコメントが届いています。

私自身もレブルなので言えることですが、レブルには、自らの決断が招いた結果で痛い目に遭うことがいちばんの教訓となります。私は痛い目に遭ったから、請求書は期日までに支払い、家のことをすべてきちんとするようになりました。子どもがレブルだという親御さんは、子どもが自らの決断で痛い目に遭うことで胸を痛めるかもしれませんが、そういう教訓を早く与えるようにするほど、痛い目に遭わないようにするにはどうすればいいか、何をしたら痛い目に遭うのかを早くから学習するようになります。

また、レブルのモチベーションはアイデンティティに関することでも大きく高まるので、彼らが大事にしているアイデンティティと結びつけるのも効果的です。

実際に効果があったレブルの例を紹介しましょう。


レブルに何かさせたいなら、その人のアイデンティティに共鳴する選択肢を与えるのがいちばんです。

たとえば、私と母は長年にわたり、私が時間に正確でないことでケンカになっていました。母は私をせっついたり、優しく確認したり、怒鳴ったりと、いろいろなことをしましたが、何をしても私は変わりませんでした。そしてあるときとうとう、母は言いました。

「もう、あなたを信用も信頼もできるとは思えない。それに、待たされているあいだ、あなたの時間のほうが私の時間より貴重だと言われているような気にもなる。他者から信頼されず、他者に劣等感を抱かせるような人だと思われていいなら、そのままでいなさい。それとも、人から信用、信頼されて、人に自信を与えるような人間になりたい？　選ぶのはあなたよ」

この言葉には、瞬時にスイッチを切り替えるような効果がありました。母が選択肢を与えてくれたおかげで、本当の自分に共鳴するのはどちらかすぐにわかりました。それからは、苦もなく時間を守れるようになりました。

レブルには、楽しいと思うことを積極的にやりたがる側面もあります。よって、レブルの子ども（に限らず当然ほとんどの子ども）に対しては、彼らが楽しめるような工夫を凝らすのも効果的です。「息子に歯を磨かせるために、ゲームを考案しました」とレブルの子を持つ父親は当時を振り返って話してくれました。「クマの歯を磨く獣医や、エンジンを磨くメカニックに息子をなりきらせるのです」

あるいは、難問に挑みたがる子どももいるかもしれません。そういう子どもには、「2分で用意するのはさすがに無理じゃないかな。記録に挑戦してみる?」と言ってはどうでしょうか。

レブルの子どもを扱うときの参考になる例が私の大好きなローラ・インガルズ・ワイルダーの『この楽しき日々』に登場します。

弱冠15歳で教職に就いたローラ（クエスチョナー）のクラスには、勉強を拒むクラレンスというレブルの生徒がいます。クラレンスは宿題をやりなさいと言われることが我慢ならず、本当は学ぶ意欲の高い賢い少年でありながら、勉強を拒絶するのです。

ローラがこの生徒のことで母親に相談すると、「その子に何かさせようとするのはやめなさい。やらせることはできないのだから」と言われます。そこでローラは方針を変えることにしました。生徒たちに宿題を与えたのち、ローラはクラレンスにこう伝えます。

「この宿題はあなたにじゃないわ。あなたがやれば、かなり時間がかかってしまうから。どのくらいならできそう？　３ページでもまだ多い？」

彼女の言葉は２つの役割を果たしています。まず、クラレンスに対して選択肢を選ぶ自由を与えているということ。それから、レブルが挑みたがるような難題を提案しているということです。彼には３ページもできないと言ってほかの生徒を先に進ませようとしたとき、クラレンスは「できると証明してやる」と思いました。そして１週間もしないうちに、ほかの生徒に追いついたのです。

レブルの場合は、他者に望まれたからではなく自分が望むからやっているという実感が不可欠です。このことを忘れないでください。

レブルのひとりから次のようなコメントが届きました。「人からやれと言われると、囚われの身になったような気持ちになりますが、『ここに選択肢が４つあり、どれを選ぶかは自分で決めろ』と言われたら、どれかひとつをやろうという気になります」

レブルには、祖父母と仲がいい子どもが多いように感じます。それはたぶん、祖父母は親ほど多くの期待を課さないので、安心して絆を深められるからではないでしょうか。

自分がレブルならレブルのものの見方を理解できるので、レブルの親のほうがレブルの子どもを育てるのに苦労は少ないかもしれません。

自身もレブルだという母親のコメントを紹介します。「4歳の娘もレブルです。娘は選択肢があると喜び、自分で何でも決めようとします。それも、娘のことだけでなく、家族みんなのことを決めようとするのです。私にはその気持ちがよくわかるので、娘が着る服だけでなく私が着る服も娘に選ばせますし、翌日に幼稚園があっても外泊すると娘が決めれば、そのとおりにさせます。朝食にスパゲッティ、夕食に卵を食べると言い出してもです」

親子ともにレブルというケースにも、もちろんそれゆえの困難はつきまといます。ある友人は、ため息をつきながら私にこう話します。「レストランに行って息子がストローでマスタードをテーブルに飛ばしているのを見ても、やめなさいとは言えない。だって私もやりたいんだもの」

相手の傾向に気づけば、コミュニケーションがとりやすくなります。**その人の心がどうすれば動くかを理解していなければ、どんなに愛情をこめ、相手のためを思った言動も意味をなさないのです。**

41 メリットを強調し、選択は任せよう

レブルという傾向は、健康に関する問題を左右しかねません。何かを命じられると反発するため、アップホルダー、クエスチョナー、オブライジャーには効果的な方法の多くが、レブルには逆効果となる恐れがあるからです。

レブルの健康を気遣う人々は、その傾向のせいで非常にやりきれない思いをします。相手のためを思ってアドバイスしても、はげましても、釘を刺しても、警告しても、相手がレブルの場合は反対のことをさせることになりかねません。病気そのものに反発してしまう人もいるでしょう。そんなレブルの例を紹介しましょう。

私は1型糖尿病ですが、この病気に対する感情や行動を制御できずに困っています。血糖値を放っておかずに「自分の手で血糖値をコントロールすること」が自分のためだと頭ではわかっていても、行動が伴わないのです。

血糖値をチェックしたことはほとんどなく、即効性の高いインスリンを投与するのも気が向いたときくらいです（食事に決まりごとがあるなんて冗談じゃありません!）。専門

医の診断も何年も受けていないので、病状すら把握していません。

レブルは、「医師の指示に従う」と思うだけで我慢なりません。それどころか、医師から「すばらしい。指示を完璧に守っていますね」と褒められようものなら、途端に指示に従うことをやめて、自分の自由を証明しようとするかもしれないのです。

レブルに対しては、「決めるのはあなた自身だ」ということを強調したほうがいいでしょう。医師が指示を出すにしても、「Xをしなさい」ではなく、「決めるのはもちろんあなたですが、Xをすると効果が高いとされています」「〇〇をやってみようと思ったことはありませんか？」「Xについてはどう思いますか？」「Xで効果があった人が実際に何人もいます」「X、Y、Zについて検討してみてください」といった言い方もできます。

レブルは、自ら課したいと思うルールにすら反発を覚えます。レブルの大学生はこう語りました。「太っていることで悩んでいますが、夜間の食事制限を自分に課すと、以前にも増して食べる量が増えはじめるのです。パンを食べないと宣言すれば、サワー種を使った美味しそうな食パンを買いに行ってしまいます」

一方、こうした自分自身への反発を賢く回避しているレブルもいます。「健康的な食生活を送りたいと思ったら、まずはチョコレートなど『食べるべきでないもの』を食べます。

『この闘いに勝ったぞ！　好きなものを食べたぞ！』と自分に言い聞かせるためです。最初にこうすれば、残りの食事は好きなものを食べようとする自分に反発したくなります」

健康に関しても、レブルにとって効果的なのはやはり「情報、起こりうる結果、選択の自由」です。アップホルダーの医師が行った対処法について紹介します。

私はホームドクターです。患者の中に、ダイエットに役立つ提案や糖尿病予防の治療に激しく抵抗する女性がいました。彼女と話していたときに、この女性は「レブル」ではないかという思いが頭をよぎりました。そこで私は方針を変えました。それまでは、ほとんどの人にいちばん効果のある「指示型」で話をしていましたが、彼女が望んだ場合にやったらいいことをいくつか提案するようにしたのです。女性はのちに再訪し、私の提案のひとつを受け入れました。その結果、彼女の体重は落ち、体調も良くなりました。指示を続けていたのでは、同じ結果が得られたとは思えません。指示は、アップホルダーやオブライジャー、クエスチョナーには効果的です。指示を出す理由についても、必ず詳細に説明していましたし。ですがレブルには、そのやり方ではとにかくうまくいきません。

体重や歩いた距離といった情報を把握することは、レブルにとっても役に立つはずです。

そういう情報をレブルに把握させたいなら、「毎日の運動量を把握するのも、おもしろくてためになるんじゃないかな」という言い方をするといいでしょう。「毎日1万歩は歩かないといけないから、この活動量計をつけたほうがいい」といった言い方はお勧めできません。

レブルには、選択肢の存在、自由、楽しさを強調するとうまくいきます。「この服薬（／ダイエット／エクササイズ）を定期的に行う（／毎日の）習慣にすれば、体調が良くなる（／活力がみなぎる／痛みが消える／興味があると周囲に伝わる／パフォーマンスが向上する／夜の生活が改善する／望みの人生が手に入る）」という言い方を心がけてください。栄養士なら、「甘いものを控えたクライアントは、スタミナが増え、テニスの腕が上がりました」と言ってはどうでしょうか。**指示や命令ではなく、レブルの決断に役立つ情報を与えるのです。**レブルからのコメントを紹介しましょう。

私の大好きなパーソナルトレーナーは、何ごとにおいても、「1週間試しにやってみて、嫌だったらそれ以上やらなければいい」と言ってくれました。そのおかげで、プレッシャーや罪悪感、ルールにとらわれることなく、ただただ自分を知ることができました。

それに私は、どんなときでも主流に反発します。そのせいか、エクササイズプログラムがあまり長続きしません。よくある30日間チャレンジの類いは、どれも制約が厳しすぎます。仮にそのどれかをやるとしても、何かしらのルールを破らないとできません。

また、レブルに対して協力を申し出るのもいいでしょう。「薬は私が毎週準備しようか?」「私も一緒に歩けば楽しいんじゃない?」という具合にです。

夫がレブルだという女性から、どうしても夫にタバコをやめさせたいという相談のメールをもらいました。その女性は口うるさく言っているようなのですが、当然ながら効果はありません。夫自身もやめたいと言っているそうです。

何かアドバイスはないかと言うので、私は次のように返信しました。

タバコをやめるということに対するご主人の受け止め方を変えてはどうでしょうか。方法はいくつかあります。

- レブルは「囚われている」という感覚や制約を嫌います。そこで、タバコは制約を課すものだとご主人に受け止めさせてはどうでしょうか。ご主人に、「タバコに依存して延々と吸ってしまう。タバコなしではいられない」状態だと自覚させるのです。
- 搾取されることも嫌うので、「大手のタバコ会社の懐を潤している」と意識させてもいいでしょう。

- レブルは自分のアイデンティティを主張したいので、ご主人に「自分はノンスモーカーだ。そういう人間になると自分で決めた。それが自分の望みだ」と宣言させるのもひとつの手です。
- レブルは楽しみに価値を見いだすので、「目覚めたときに咳や口臭に悩まされず、爽快な気分になり、息切れせずに階段をのぼれるようになるなんて最高だ」とご主人に伝えてはどうでしょうか。
- レブルにとっては自由を感じることも大事です。「オフィスビルや空港のような場所でタバコを吸おうと思ったら、決められた場所へ行けと指示される」ことを強調するといいと思います。
- レブルは独自のやり方でものごとを進めたがるので、一般的な禁煙プログラムではなく、ご主人に独自の方法を見つけさせたほうがいいかもしれません。
- レブルは何か言われたら、その相手を見返したい気持ちになります。ご主人に向かって「禁煙は難しすぎるんじゃないかしら。あなたはタバコを吸わずにはいられないもの。禁煙できるとはとても思えない。あきらめたほうがいい」と言ってみてもいいかもしれません。

その女性からその後、近況が届きました。

「いちばん効果があったのは、最後に書かれていた作戦です。夫に向かって、18歳になる息子が『父さんくらいの年になったら禁煙は無理だ』と言っていると伝えたら、違うと証明してやるという態度になりました」

レブルには、慣習を好んで破りたがるところや、**多くの人が引っかかることに自分は引っかからないと自慢したがるところもあります。**とてもレブルらしいやり方で禁酒に成功したレブルの例を紹介しましょう。

私はお酒が好きですが、体重が増えること、お金をたくさん使うこと、パーティで恥をかくこと、二日酔いになることは好きではありません。これを意識した途端、世の中が伝える飲酒にふける姿に騙されていたのだと気づきました。テレビはいつも細身の美男美女が飲み食いする姿だけを映し、彼らが二日酔いになったり、貧乏になったり、太ったりする姿は絶対に放送しません。そう気づいたら、お酒を飲まなくても平気になりました。

行動を通じて自らの価値観を表明したがるレブルだからこそ、彼らに身につけさせたい習慣があるときは、その人が大事にしているアイデンティティに結びつけることが効果的です。

42 「独創性」を生かそう

繰り返しになりますが、レブルはやりたいと思うことなら何でもできます。

この自覚があるレブルは、仕事内容が自由に選べて、自分で自分のスケジュールを決められて、まわりの期待に応える必要のないキャリアを探し求めるようです。

実際に、まわりから期待が課されることなく、毎日違うことができる環境を必死に生み出したというレブルは大勢います。「仕事のスケジュールは自分の好きに決められます。以前は会社勤めをしていましたが、嫌でたまりませんでした。今は、レストランのプロジェクトマネジャー兼人事の責任者として主に自宅で働き、レストランにはたまに顔を出すという具合です。毎日のスケジュールは自分で決めていて、毎日することが違います」と言う人もいれば、「IT関連の仕事を請け負っています。飽きて仕事を変えることが多いですが、幸い無職の時期が長く続いたことはありません」や、「公認会計士をしています。期限、それと必然性のないバカげた規則ばかり扱う仕事ですが、フリーとしてやっているので、仕事の詳細やクライアント数は自分で決めています」と言う人もいます。

やりたいと思うことしかしたくないという考えから、レブルには自分で事業を始める人がたくさんいます。でも、**自分で自分に課す期待にも応えたがらないという側面には注意が必要です。**

テクノロジー関連のカンファレンスで知り合ったレブル男性と話していたとき、彼が「毎朝目覚めたら自分のやりたいことしかやりたくないので、自営業者として働くしかないんです」と言いました。

「でも」と私は前のめりに切り返しました。「自分で会社を経営しているのなら、たとえやりたくなくてもやらざるを得ないタスクがありますよね」

「ええ、それが大変なんですよ」彼は沈んだ声になりました。「ギリギリになるまでどうしても手をつけられなくて。会社にとって本当に深刻な問題です」

成功しているレブルの起業家は、次のように言っています。「レブルは自分ひとりでは、それほど仕事ができるとは言えない。経営の細々したことや期限といったものが好きではないので。だから私は妻と一緒に3つの会社を興しました。妻はアップホルダーで、レブルの私に足りない部分を補ってくれるのです。妻と私は最高のチームです」

レブルは難関にぶちあたると、独自のやり方でうまく期待に応えようとします。

こういう側面があるからか、実績が重視される営業職に就くレブルも多くいます。夫がレブルだという女性から次のようなコメントが届きました。「夫はしょっちゅう上司と衝突しますが、営業成績は部内一です。上司のルールを無視しても、というより、売上を失うことにつながるルールを無視しているからこそ、それだけの成績をあげているのです」

クリエイティブ業界もまた、結果が何よりも重視されるところです。テレビの放送作家兼プロデューサーとして働く妹のエリザベスによると、「ハリウッドでは、ルールを無視しても許される。良い作品を生み出している限りは。とくに責任者という役職に、自分流に仕事をしたがる人や、まわりからどう思われても気にしない人が多い。独創的なやり方で最高の仕上がりへと導くの。ほかの関係者が不愉快な思いをしても関係なくね」

企業の顧問弁護士をしているというレブルの女性から話を聞く機会があったとき、この仕事は必ずしもレブルに適しているとは思えなかった私は、「仕事はどうですか？」と尋ねてみました。

「楽しんでいます」というのが彼女の答えでした。「私はこの企業が危機を迎えていたときに顧問弁護士に迎え入れられたので、みなリスクを恐れません。何かやってうまくいかなければ、そのプロジェクトを分解して悪い部分を修正し、次に進むという具合です。会社が安定して規則に縛られるようになったら、私は息が詰まるでしょうね」

まとめ

レブルとのつきあい方を知る

レブルは、外からの期待にも内なる期待にも反発する。

自由、自分による選択、アイデンティティ、自己表現をとても大事にする。

頼みごとや命令には反発しがちである。

難題を提示されたら、「できると証明してやる」「見てろよ」「期待どおりの行動なんてとるものか」「決めるのはおまえじゃない」といった反応を示しやすい。

愛情、使命感、信念にもとづいてどう行動するかを決めるところがある。

自分のやりたいことに対してすら反発して取り組めないことがある。

難題に応えるにしても、自分なりのやり方かつタイミングでしか応えようとしない。

監視、アドバイス、指示を素直に受け止めない。

他者に委ねるのがうまい。

レブルと長期的な関係を築くのは、オブライジャーが多い。

10章

4つの傾向の相性と対処法

本章に登場する〔**U**〕〔**Q**〕〔**O**〕〔**R**〕は、各傾向の頭文字を表しています。

〔**U**〕……アップホルダー（UPHOLDER）

〔**Q**〕……クエスチョナー（QUESTIONER）

〔**O**〕……オブライジャー（OBLIGER）

〔**R**〕……レブル（REBEL）

本書で紹介してきた「傾向」によって、人間関係が決定的なものになることはありませんし、保証されることもありません。ですが、傾向の違う人と恋人や親子、同僚といった関係になったとき、**ある種の相性の良し悪しは存在すると言えます。**

初めて会ったときに魅力に感じたことが、時がたつにつれて腹立たしい部分に変わることはよくあります。たとえば、アップホルダー（約束を守る人）とレブル（抵抗する人）が知り合った当初、アップホルダーはレブルのルールに反発する部分に魅力を感じ、レブルはアップホルダーの最後までやり遂げる能力に感嘆するかもしれません。ですがこのふたりが結婚して5年もたつと、その部分をそれほど魅力に感じなくなることは否めません。

傾向のほかにも関係性を築くうえで大切なことはたくさんありますが、**4つの傾向を理解していれば、人間関係の構築がずっとラクになることだけは確かです。**

43 〈U×U〉良くも悪くもルールが強化され窮屈になる

ともにアップホルダーだという恋人や夫婦の話は数えるほどしか聞いたことがありません。ということは、アップホルダーどうしはあまり相性が良くないのでしょうか。あるいは単純に、アップホルダーの数が少ないことが原因かもしれません。
私はアップホルダーと仕事をするのを楽しいと感じます。追い立てなくてもちゃんと仕事をしてくれると信頼できますし、私の注文が多すぎれば率直にそうと伝えてくれるからです。とはいえ、結婚相手には考えられないかもしれません。ともにどんな期待にも応えようとするのは行きすぎに思えます。ふたりはそれでいいとしても、きっとまわりがつらい思いをするでしょう。夫婦でアップホルダーだという女性のコメントを紹介します。

夫も私もアップホルダーで、13歳の娘から「ママとパパみたいな親はほかにいない」とよく言われます。私はこれを褒め言葉だと受け止めています。夫も私も、個性と自制心をとても大事にしています。私はヘルスコーチとして人々の健康をサポートする仕事に就いていて、夫はコーチに加えてテニスの指導もしています。クライアントや生徒の前では、つねに情熱と思いやりを忘れませんが、「裏」では手厳しいことを言うときもあります。やると言ったことをやらない人がいると、夫も私も腹を立ててしまうので。

アップホルダーがふたりでものごとにあたれば多くのことを成し遂げられますが、そこにはデメリットもあります。私の家族と友人家族でベルリンに旅行に出かけたときのことです。

友人の夫もアップホルダーで、私とふたりで子どもたちを連れて遊覧船で川下りをしようということになりました。

川沿いには乗り場が何箇所もあり、ツアーガイドがそのひとつを指して「次の船はあの船着き場から出発しますよ」と言ったので、私と友人の夫は隣り合ってその空っぽの船着き場に立ったまま、数メートル先の別の船着き場の船に人々が乗り込むのを見ていました。

そして「ガイドさんが次に船が出るって言ったのは、ここだよね」と友人が言うと同時に、数メートル先の船着き場から船が出発しました。

「絶対そう！」と私は答え、「ここだよね？」と言いながら、友人の夫とふたりで自虐的に笑うしかありませんでした。

教えられた船着き場に船はなく、すぐ近くの船着き場で乗船が始まっているのを見ていたのに、ふたりとも「その道のプロ」に言われた場所から動かなかったのです。その場に夫のジェイミーがいたら、きっと乗船が始まった船着き場に移動していただろうと思います。

クエスチョナー（疑問を持つ人）がそばにいると、そういうメリットがあります。

44 〔U×Q〕大切にしたい価値観が似ている

アップホルダーとクエスチョナーはパートナーになることが多いです。

私の結婚もそうで、互いにとってとても有益な組み合わせだと思っています。アップホルダーは期待に応えようとしすぎるところがあり、そんなときにクエスチョナーがそばにいると、**期待に疑問を呈したり拒絶したりするきっかけを与えてくれるのです。**

彼らがいなかったら、アップホルダーは立ち止まって考えることなく期待に応えようとするでしょう。一方クエスチョナーからすれば、アップホルダーの配偶者は進んで期待に応えようとするため、総じて扱いやすい存在となります。

妹から、アップホルダーである私の人生にもっとも影響を与えているふたりがクエスチョナーだと指摘されました。ひとりは夫のジェイミー、そしてもうひとりが著作権エージェントのクリスティ・フレッチャーです。このふたりが疑問を呈してくれるおかげで、私は、家庭でも仕事でもする必要のないことに手を出さずにいられるのです。

たとえば、『*Better than Before*』（『人生を変える習慣のつくり方』文響社、花塚恵訳）のペーパーバック版の出版に合わせて、とある雑誌から4つの傾向をテーマにした一人称小説を書いてほしいという依頼がありました。

各傾向の簡単な説明に始まって、習慣を形成するうえでの各傾向に対するアドバイスも含めて1000ワードにまとめてほしいというもので、ギャランティはなし。

この依頼に応えるとなれば大変な作業になるのは目に見えていました。だから私は依頼文を読むたびに心が沈みました。でも、逃げ道を思いついたのです。クリスティにメールで「この依頼を受けるべきか?」と尋ねると、「ありえない」との返答が瞬時に返ってきました。

また、クエスチョナーであるジェイミーと結婚したおかげで、自分に対して以前より疑問を抱けるようにもなりました（ジェイミーからすれば、私はクエスチョナー気質に感化されすぎだと言いたいかもしれません。一般に、何の疑問も抱かず頼まれたことを何でもやる配偶者のほうがありがたいものなので）。

その一方で、疑問がすべて解消されない限り動こうとしないクエスチョナー特有の態度にはイライラさせられます。当然、質問に答えたがらない態度にもです。ただし、内なる期待に進んで応えようとする点は、どちらにとっても救いとなっていると思います。

親がアップホルダーで子どもがクエスチョナーの場合は、親が子どもにイライラさせられるでしょう。親は子どもに「親の言うとおりにすること」を期待するものだからです。アップホルダーの父親からのコメントを紹介します。

クエスチョナーの子どもを育てていると、腹が立つことがあります。なぜうちの子は言われたことを素直にやろうとしないのか、本当に理解に苦しみます。

もちろん、幼いときは誰だって、傾向に関係なくそういう部分があるでしょう。ですが、靴を履く、書き取りの宿題を終える、シャワーを浴びるといったことは、黙ってやればすむことだと私は思っているので、子どもにも黙ってやってほしいのです。

ですがクエスチョナーの子どもが相手だと、何をするにも議論が始まります。

45 〔U×O〕Uが〇の優しさを認めれば助け合える

どの傾向もオブライジャー（義務を果たす人）とは相性がいいものですが、アップホルダーも例外ではありません。**どちらも外からの期待に応えたいという欲求があるので**（クエスチョナーとレブルにはありません）、**互いにその欲求を尊重し、それを満たすことに協力し合います。**

アップホルダーは、オブライジャーの「外からの期待に応えると（おおむね）信頼できる」面に好感を抱きます。でも、内なる期待に応えられない面には、腹を立てます。

また、期待を重圧に感じるというオブライジャーの特性に対しても、アップホルダーはあまり同情できません。

たとえば、オブライジャーの部下がアップホルダーの上司に「この5日間、報告書の作成で寝るのが3時を回っていたので疲れがたまっています」と言ったとしましょう。

部下は労いの言葉がもらえると思っているかもしれませんが、アップホルダーの上司はきっと、「仕事に取り組む順序をもっとうまく管理できるようになれば、そんなに遅くまで働く必要はなくなる。今の仕事でトップを目指すなら、睡眠は大事だ」といった言葉をかけるに違いありません。

オブライジャーもまた、アップホルダーの外からの期待に応えようとする姿勢を評価しています。しかし、内なる期待にうまく応えられない部分にアップホルダーが理解を示さないことから、彼らから課される期待をつらいと感じたり、非難されていると感じたりすることがあります。

また、アップホルダーは外からの期待より内なる期待を優先することがあるため、オブライジャーはそういう部分に冷酷さや身勝手さを感じます。

オブライジャーから届いたコメントを紹介しましょう（このコメントは、反乱モード寸前に書かれたように思えます）。

アップホルダーの夫と結婚して9年のあいだに、夫は医学部を卒業して研修を終え、今は医師として働いています。夫は勉強に集中していたので、最後の試験が終わったとき、私は大喜びしました。これでようやく、彼の時間がすべて夫としての時間になると思ったからです。でも残念ながら、夫はつねに大きな目標やプロジェクトを掲げ、それに取り組まずにはいられません。私はオブライジャーなので、彼の目標を自分の目標のように感じ、夫が学業に専念できるよう、夫の役割に思えることも私が代行してきました。

でも今は、夫の目標が家族のためになるとは思えません。「余計なこと」を絶えず求め、重要とは思えないことに期限を定めている夫に腹が立ちます。

我が家には子どもが3人いて、子育てに関してはとても協力的です。とはいえそれも、自分の目標を達成したくて子どもの世話を急いで終わらせているように見えます。目標のためだと言って、朝もとんでもなく早い時間（午前5時）に起床します。夫が起きるせいで、私もその時間に目が覚めてしまいます。毎晩小さい子どもたちに何度も起こされ、何年も睡眠不足だというのに、夫の目標のために起こされることが本当に我慢なりません。

夫はいつもやることがたくさんあるかのようにふるまっていますが、私からすれば、そんなことはありません。だって、誰かから期待されているわけではないのですから。

私の我慢も限界にきている今、夫には日々の暮らしのことだけに集中してもらいたいです。私の目標にもなってしまう余計なことには、もう目を向けてほしくありません。

夫の目標に関心がないことを私が示したら、私たちは終わりでしょう。夫の頭には、目標のことしかないようなので。


私はどちらの言い分ももっともだと思います。この女性の嘆きから、オブライジャーがアップホルダーに耐えられなくなる理由に新たな発見があったと認めざるをえません。

また、オブライジャーは、アップホルダーが責任を与えないことに苛立つこともあるようです。

アップホルダーは、オブライジャーの「あなたに言われたからやっているんじゃない」や、「君のためにやっているんだ」といった言葉に違和感を覚えることがあるでしょう。それは自分自身のために行動してほしいと思っているからですが、**オブライジャーにその要求は酷なのです。**

相手の傾向を理解すれば、衝突を減らすことができます。パートナーの傾向を理解したアップホルダーのコメントを紹介します。

「パートナーの傾向がオブライジャーだとわかってから、互いに接しやすくなりました。彼が行動を起こそうとしないのは、無頓着だからでもいいかげんだからでもない。外からの責任が足りないだけなのだと思えるようになりましたから」

46 〔U×R〕お互いに試練と学びが多い

一般に、アップホルダーとレブル（抵抗する人）はうまくやっていくのは難しい相性だと言えます。ものの見方もまったく違えば、成功する環境もまったく違うからです。**アップホルダーはルールを破ることに神経を尖らせますが、レブルはルールなど意に介しません。**こうした違いは、時間がたつにつれてさまざまな問題を生む可能性があります。

読者のコメントを紹介しましょう。「私はアップホルダーで夫はレブルです。夫は誰かの下で働くことが本当に苦手で、地域の教会を嫌い、仕事をしないといけないときはほぼ不機嫌な顔をしています。仕事といっても、家に関することで夫がやりたいと思ったことしかやりません。

私はひとりでカウンセリングに通っていますが、夫は行きたがりません。とはいえ、夫のことは愛しています。彼はがんの治療で苦しむ私に寄り添ってくれた白馬の王子様ですから（そのころはレブルの兆しはいっさいありませんでした！）」

また、アップホルダーは予定や計画、課題を好み、計画の変更や頓挫を嫌いますが、レブルは逆に約束に縛られることに反発します。アップホルダーがやることリストの項目や予定を増やそうとすれば、レブルはますます無視を決め込むでしょう。

アップホルダーとレブルが親子になると、どちらがどちらの傾向であるかに関係なく困難にぶつかると思います。

幼いアップホルダーの息子を持つレブルの友人がいますが、私は彼女に、「息子さんの学校に『金曜日はボタンダウンシャツを着用すること』というルールができたらどうする？」と尋ねてみました。

彼女はちょっと考えてから、「息子がそのルールを大事だと思えば、ボタンダウンシャツを買う」と言いました（彼女はレブルですが、愛情深く理解ある親であることを大事にしています）。「ただ、ルールができたからって私が着せようとすることは絶対にない」

アップホルダーとレブルが良好な関係を築けるかどうかは、やはり傾向以外の性質にかかってくると思います。たとえば、愛情深く協力的なパートナーでありたいと考えているレブルなら、アップホルダーと結婚してもうまくいくかもしれません。

また、この組み合わせは**互いにあまり期待をかけないようにしても良い関係が築けるでしょう。**

レブルのコメントを紹介します。「アップホルダーのルームメイトは、私の起きる時間が毎日違うと知って驚愕していました。私もまた、彼女が地下鉄で乗客の顔を覚える訓練をしていると聞いて驚愕しました！」

互いの言動に驚いているとはいえ、それぞれの人生に影響はないので、ふたりの友情にも傷はつかないはずです。

傾向で相性のすべてが決まることはありません。性格や状況がうまく組み合わされば、どんな組み合わせでも良好な関係は築けるのです。あるアップホルダーはこう言います。

私のパートナーはレブルです。そのおかげで、私のアップホルダー気質が前面に出すぎずに助かっています。アップホルダーである自分は気に入っているものの、その傾向のせいでつらい思いをしたことが何度かあります。

自分が同性愛者だと自覚して苦しんだときもそうでした。カミングアウトしたら、自分と家族を同時に失望させることになる。それはアップホルダーには耐え難いものでした。

そんな私とは対照的に、私のパートナーは私より若い年齢であっさりとカミングアウトしていました。彼女はレブルなので、人と違うことをするのが何よりの喜びなのです。結果としてその傾向のおかげで、自分自身を知ろうと必死になるあいだも彼女は心を強く保てたのでしょう。

ありのままの自分を信じて受け入れている彼女の姿勢は、本当に憧れます。奔放な部分に腹が立つことはありますが、その奔放さのおかげで、自分が「守るということを守っているだけ」の状態に陥っていると気づかされることもあります。たとえば、私はなかなか計画を中止にできませんが、そのことで気を揉んだりイライラしたりしていれば、彼女は実に楽しげに私が折れて中止にするのを待ち構えようとします。彼女の楽しげな様を見ると、自分で自分に課した期待に応えられずにいるつらさが和らぎます。それに、レブルとはいえ私を喜ばせたいと思っているので、私がつくったリストや立てた予定、日々の生活に次々に差し込む計画に黙って従ってくれます（彼女なりのユーモアがかなり混じりますが）。

もうひとり、アップホルダーとレブルは結婚相手として相性がいいと思っているレブル女性の意見も紹介します。

「夫はとにかく目標のためにすべてを捧げ、何が何でも実現させようとします。そんなアップホルダーらしい夫の姿勢を私は心から尊敬しています。それに夫も、私のレブルとしての、彼に依存しない姿勢や体制に抗う考え方を尊重してくれます。ともに『極端な』傾向なので、オブライジャーやクエスチョナーのことは正直あまり理解できません。私たち夫婦からすれば、どちらもブレがあって煮え切らない人たちに思えます」

アップホルダーとレブルは、互いに多くのことを学び合える存在だと言えます。私がアップホルダーとして「律することで自由が生まれる」がモットーだと書いたら、思慮深いレブルの友人から次のような意見が届きました。

「あなたのモットーの語順を変えたら、レブルのモットーになる。アップホルダーとレブルは、やっぱり対局の存在なのかも。あなたは『律することで自由が生まれる』というモットーで生きていて、私は『自由が自分を律する』というモットーで生きている」

47 〔Q×Q〕お互いの疑問を解消し合える

クエスチョナーどうしがパートナーになるとうまくいくことが多いです。それは、**「疑問の答えを得ることが大事であり価値がある」とどちらも理解しているからです。**

クエスチョナーから届いたコメントを紹介します。

私も夫もともにクエスチョナーですが、タイプは違います。夫はキャンプ用のテントなどを買うとなれば、リサーチに何時間もかけますが、私は時間をかけません（何か買うときはすぐに決断します）。ただし、自分は時間をかけないものの、夫が時間をかけたと知ると安心します。

ほかの夫婦を見ていると、私たちは変わっているようです。

私たちは互いに疑問を投げかけるときに、それを脅威に感じることや、批判されていると感じることがないのです。決断を下したら複数の角度から見つめる必要があるとお互いわかっているので、疑問を投げかけられても傷つくことはなく、ありがたいと感じます。

彼の決断や買い物、計画に疑問を呈しても、批判と受け止められないので清々しい気持ちでいられます。夫はただ受け止めるどころか、感謝もしてくれます。

その一方で、クエスチョナーがふたり集まると、**なかなか決断を下せなくなることがあります**。クエスチョナーの友人によると、「うちは夫婦ともにクエスチョナーだから、よく行き詰まる」と言います。

「たとえばどんなふうに？」

「家を改修していたときに、食器洗浄機を買い換える必要があるという話になったのだけど、買い換えようとするたびに、気づいたらふたりで庭に立って2階を増築するかどうかの話し合いになる。疑問がひとつ生まれたら、さらに疑問が増えるばかり」

「それで結局どうしたの？」

「結局2年のあいだ、動かない食器洗浄機のままだった。どうするか決められなかったの。最終的には、どんな食器洗浄機でもないよりマシだという結論に私が至って、『来月は来客があるから、その日までに新しい食器洗浄機を設置する必要がある』と夫に言ったわ。期限を決めるとふたりとも行動を起こすから」

親子がともにクエスチョナーというのも相性がいいと言えます。親もクエスチョナーなら、必然性のないことや理不尽なことに反発する子どもに共感できます。また、親が決めたという理由で子どもに何かを促しても、クエスチョナーの親は理にかなった決断を下すので、クエスチョナーの子どもは親の意見を尊重するのです。

とはいえ、自分が質問されるのを嫌うという側面では苦労が生まれるかもしれません。そのため、夕食は何かとクエスチョナーの親に尋ねれば、「私がつくるものが夕食だから」と答えるでしょうし、クエスチョナーの子どもに何か尋ねても、「科学の宿題をやっているところだから、そんな話はしたくない」と返されます。

疑問に対して何らかの説明は返しますが（それがクエスチョナーの性です）、クエスチョナーはたいてい、自分に質問されることを嫌がります。

48 〔Q×O〕共感できなくても理解はできる

オブライジャーとクエスチョナーは相性がいいものですが、衝突が生まれかねないポイントもいくつかあります。

オブライジャーのひとりが教えてくれたちょっとしたエピソードに、ポイントのひとつが表れていました。「私は横断歩道を渡り、信号を守りますが、クエスチョナーの夫は、横断歩道も信号も使う価値がないと言って自分の好きに道路を横切ります」

クエスチョナーが絶えず理由や情報、正当性を求めることに、オブライジャーは苛立ちを覚えることがあるのです。 次のようなコメントも届いています。

前の上司がクエスチョナーで、ギリギリまで情報を求めて決断を下そうとしない人でした。オブライジャーの私は、上司のために財務モデリングを行い、予測を立てました。前提をわずかに変えては新たなモデルを作成するのに膨大な時間を費やしましたが、結局は最初のモデルとほぼ同じ答えしか出ませんでした。

クエスチョナーは理由に納得すれば、頼まれたことに協力的になります。オブライジャーはこの点を覚えておくといいでしょう。

「クエスチョナーの夫に何かを頼むときは、理由を説明することが大切だとようやく気づきました。以前の私は夫に対し、する必要があるのだから何も聞かずにやればいいのに、と思っていましたが、夫には何をするにも理由が必要なのです。そのことにもっと早く気づいて理由を説明していたら、『余計な言い争い』で何時間もムダにせずにすんだでしょう」とオブライジャーの女性は言っています。

親がオブライジャーで子どもがクエスチョナーの場合は、子どもの質問に親がうんざりしたり、生意気に感じたりするかもしれません。このようなコメントがあります。

オブライジャーとして言わせてもらうと、親、教師、コーチなどから子どもが何か言われたら、何も聞かずそのとおりに行動すべきだと思っています。

ですがクエスチョナーの娘は、理由を理解するまでは頑として動きません。生意気を気取っているのでも、意味もなく反発しているのでもないことはわかっていますが、娘にか

かわるほかの大人たちがそんな娘の態度を受け入れてくれるか心配です。

オブライジャーは、内なる期待に応えることが苦手です。それをクエスチョナーが目の当たりにすると、突き放すような冷たい態度をとることがあります。クエスチョナーは内なる期待には進んで応えようとするので、応えられないつらさに共感できないのです。それは、「やらないといけないこと」に対する不満についても同じです。

オブライジャーがそういう不満を漏らしても、クエスチョナーは、「やりたくないならやらなければいい」や、「やりたくないのになぜやると言ったのだ?」としか思えません。

49 〔Q×R〕お互いの「マイルール」を侵さない

クエスチョナーとレブルは似ているところがあります。どちらも(多かれ少なかれ)**自分のルールは自分で決めることが正しいと思っていて、外からの期待に反発します。**

あるレブルがこう言っていました。「クエスチョナーとは気が合います。彼らはみな、『まわりからやれと言われても関係ない。やっても意味がないと思えばやらない。そうだろ?』

という感じで、私は私で、『まったくだ。そんなことを言われたらやる気が起きない』という感じですから」

アップホルダーとオブライジャーからすれば、彼らのこうした態度はみんなが従うべきことを無視した身勝手なものに思えるでしょう。でもクエスチョナーとレブルからすれば、自分たちと違う態度をとる人のほうが不思議でならないのです。

とはいえ、レブルが反射的に反発したり、理にかなっていることや効率的なこと、正当な理由があることまで拒絶したりすることには、クエスチョナーも腹を立てることがあります。**クエスチョナーが情報や正当性にもとづいていくら主張したところで、レブルが動くことはありません。**クエスチョナーから届いた例を紹介します。

職場にレブルの男性が仲間入りしました。彼はチームとしての行動指針が決まっているにもかかわらず、彼自身の判断でものごとにあたります。何の価値も生み出さないことに時間を費やすのです。

私の仕事は、ものごとに疑問を持ち、データや調査にもとづいてその答えを導き出すことで、心からこの仕事を気に入っています。ですが、最近はイライラしながら帰路につきます。レブルの彼が新しいデータや調査結果を無視して自分勝手なことばかりするからです。

期限を守らないことや、私の質問に答えないことにも我慢なりません。

レブルと結婚したクエスチョナーは、そのメリットとデメリットを次のように教えてくれました。

世間一般と違うことをすると決めるときは、本当に気が合います。私はしっかりと調査したうえで決断を下すので、決断には納得していますし、夫は想定外のことに幸せを感じる人なので。ただし、自家用車を買うといった話になると、なかなか結論が出ないと思います。私はリサーチに夢中になりますし、夫は「同じ車とすれ違うかもしれない」と思うだけで嫌な気持ちになるのです。気が合うといえば、外からの期待には何の意味もないと思っている点も同じです。

50

〔O×O〕第三者のサポートがあればうまくいく

状況にもよりますが、オブライジャーどうしは極めて相性がいいと言えます。私の知り合いの中でもとびきり幸せそうな夫婦は、ともにオブライジャーです。**ただし、どちらも自ら行動を起こそうとしないという問題はあるでしょう。**

「健康的な食生活を送りたいと思っていますが、夫婦のどちらかが『ピザ食べる？』と言えば、もうひとりは決まって『いいね！』と答えてしまいます。エクササイズのように身体を動かすことも、なかなか始められません。できることをすべて盛り込んだ壮大な計画は簡単に立てられても、何ひとつ実現しないのです」という話を聞きました。

オブライジャーどうしのカップルは、外からの責任を生み出す仕組みを構築することが大切です。第三者から責任を与えてもらうということです。

オブライジャーどうしの夫婦が、所定の予算の範囲で生活したいと考えても、夫婦で互いに責任を与え合うのは難しいですが、ファイナンシャルアドバイザーなどの指南役と定期的に会うようにすれば、責任を与えてもらえるでしょう。

オブライジャーどうしの親子は相性がいいと言えます。親は子どもに対する責任を自覚し、子どもは親の期待に応えなければならないと感じるので、ともに多くを成し遂げられます。

例を紹介しましょう。

朝ベッドから出るためには何らかの責任が必要だと思い、ちょうど母も早起きしたがっていたことから、一緒に聖書を読もうと提案しました。そして、毎朝7時に母を電話で起こし、少し世間話をしたら一緒に聖書の一節を読んで話し合い、互いに祈りを捧げるようになりました。

この提案は完璧でした。ベッドから出られるようになったうえに、ずっと身につけたかった聖書を毎日読む習慣まで身についたのですから。それに、毎日話す時間が生まれたことに、母も私も喜んでいます。

51 〔O×R〕OがRを操縦する

第9章で詳しく説明したように、レブルのパートナーとなる相手はオブライジャーである確率が高いです。とはいえ、レブルに対して苛立ちを覚えるオブライジャーもいます。実際、レブルの親に子どものころに苦労したというオブライジャーの話をよく聞きます。

友人の例を紹介しましょう。

「私の母は孫が大好きだけれど、孫の面倒を見てほしいと頼んでも、母がいいと言った日しか預かってくれない。母は何でも自分の決めたとおりでないと気に入らない。だから、母に声をかけないこともある。『時間どおりにどこかへ行きたいときや、自分たちの思ったとおりに行動したいときは、母はきっとそのとおりに行動しない』と私も夫も思っているから」

また、こういう話も聞きました。「開始時間が本当は7時なのに、父には6時だと伝えたことがあります。父はいつも遅れるので。それを知った父には、騙したのかと言われましたが、そのとおりなのでかまいません」

この父親は騙したと言ったようですが、現実的な対処だったとも言えるのではないでしょうか？　実に微妙なところだと思います。

52 〔R×R〕つかず離れずの関係でうまくいく

レブルどうしの相性は得てして良くありません。家族にレブルがふたりいるオブライジャーは次のように語りました。

「夫と娘がともにレブルですが、皮肉なことに、ふたりともレブルの特性が大嫌いで、ほかの傾向の人たちがレブルにかける厳しい言葉を互いにぶつけあっています。互いが互いのことを怠け者と罵り、互いの欠点を指摘し、言い争ってばかりいます」

一方、身近にレブルどうしの夫婦がいるという人は次のように語ります。「知り合いのレブルどうしの夫婦は、次の2つの理由からうまくいっていると思われます。ひとつは、夫が起業して事業で大金を稼ぎ、仕事にのめり込んでいる一方で、奥さんは家にいて、子どもを学校に送り出したら好きなことに時間を使っていること。そしてもうひとつは、ふたりとも良き親かつ良き家族の一員というアイデンティティをとても大切に思っていることです」

私はレブルどうしの夫婦がうまくいっている珍しい例に興味を引かれ、このコメントを書いた人に、「その夫婦はどうやってものごとを決めているのでしょうか？ たとえば、休暇の旅行先や行程の決め方はご存知ですか？」と尋ねました。決まった時間に決まったことをやれと言われると、たとえ自分がやりたいことであってもレブルはふつう反発します。返信は次のようなものでした。

休暇の計画を立てるときの話はおもしろいですよ。奥さんが自分のやりたいことを決めて、ご主人がそこに同行するかどうかを決めます。これまでのところ、ご主人が同行しなかったことはほとんどありませんが、奥さんがご主人を強制するようなことはいっさいありません。仮に、ご主人が休暇の手配を頼むと奥さんに言えば、奥さんはきっと拒むでしょうね。

この夫婦が何か企画するときは、どちらか一方が何かをしたいと強く望み、もう一方がそれに同行することもあればしないこともある、というのがほとんどのようです。

子どもに関することは、可能な範囲で夫婦が交代で担当しています。どちらも「やるべきこと」をやるのは苦痛に感じるので、そうしているのでしょう。「やるべきこと」を夫婦以外の誰かにやらせる金銭的な余裕がなかったら、この夫婦はたぶんうまくやっていけないでしょうね。

自身もレブルでレブルと結婚した人が、自分たちの夫婦関係を次のように語ってくれました。

私は「自由主義者のレブル」を自称するレブルです。引っ越したくなることやものの見方が変わることが多く、強い縛りを感じる状況に身をおきたくないので、主体性、自分のスペース、自由、柔軟性が私には絶対に必要です。頭の中で何か計画を始めたら、途端にその内容を変えたくなります。

夫はこういうタイプではありませんが、やはりレブルです。いうなれば、「アイデンティティ至上主義者のレブル」です。夫はオリジナリティを重視する人で、独自のやり方にこだわります。また、自分に正直であろうとし、自分が何をするか、どうやるかで自分を表そうとします。

夫婦生活ですが、はっきりいって、一緒にいる時間はあまりありません。私は違う街で働いているので、夫婦といっても一緒に住んでおらず、2つのマンションで別々に暮らしています。一緒に過ごす日が何日か続くと、決まって落ち着かない気持ちになります。

部屋をきれいに保つことに頭や時間、エネルギー、お金を使うのは互いに無意味だと思っているので、どちらも家事はほとんどしません。

この夫婦のように、従来の結婚生活に縛られることなく自分たちがうまくいく生き方を確立していれば、レブルどうしで結婚してもうまくいくようです。

レブルの人と話をすると、「子どもがレブルの場合、自分もレブル傾向でないとどう扱っていいかわからないのではないか」と口にする人がたくさんいます。

とはいえ「娘の宿題を確認するようなことをまったくしなかったので、ずっと罪悪感を抱いていましたが、今は娘もレブルだとわかっているので、放っておいて正解だったと思います」というように、レブルでも我が子の傾向がレブルだと気づかないケースもあるようです。

以上のように、相性がいいと言える組み合わせはいくつかありますが、実際にうまくいくかどうかは状況によるところが大きいと言えます。けれど、家庭にしろ職場にしろ、相手と衝突する回数を減らせるルールがひとつだけあります。それは、**相手に都合のいいやり方で相手がものごとにあたることを、できる限り認める**ということです。

そんなのは当然だと思うかもしれませんが、自分の傾向やそのほかの性質から、相手に任せたほうがいい場面で、相手に自分の言うことを聞かせようとしてしまうことは往々にしてあります。

たとえば、アップホルダーである私は、ルールは守りたいし、やることがあれば速やかに終わらせたい。一方、クエスチョナーである夫のジェイミーは、いちばん効率的に思えることしかやりたがりません。

ではどうすればいいのでしょうか？　自分のやることは自分のやり方で取り組み、夫のやることは夫のやり方に任せ、互いに干渉しなければいいのです。

「自分のやり方がいちばんだ」「ほかの人もこのやり方にすべきだ」と思っても、家庭にせよ職場にせよ、**ものごとがちゃんとやり遂げられるのであれば、やり方はやる人の好きにさせましょう。**

相手のやり方は自分とは違うかもしれないと意識し、そのやり方を尊重すれば、どの傾向の人ともうまくやっていけるのです。

11章

傾向に合わせた伝え方をしよう

53 何が心を動かすかは傾向によって違う

職場でも家庭でも、外国に行っても、私たちは絶えず、自分が望むこと（「放っておいてほしい」というものも含む）をやってもらおうとしたり、理解してもらおうとしたりしています。そのときに自分自身の傾向を念頭においていれば、自分の望みを伝えるのに最善の状況や言葉を生み出すことができます。また、相手の傾向を念頭においていれば、相手に伝えるのに最善の状況や言葉を生み出すことができます。

自分が心を動かされる方法で、ほかの人の心も同じように動く、とつい思いがちですが、それは事実ではありません。私は、「私という人間は、自分で思うよりほかの人たちと同じであり、違う」という言葉を「大人の心得」のひとつに掲げています。

ですが、これをつねに意識するのは本当に難しいと思います。

誰かに何かをやってもらいたいなら、次のことを覚えておいてください。

- アップホルダー（約束を守る人）は**終わらせるべきこと**が何かを知りたがる
- クエスチョナー（疑問を持つ人）は**正当な理由**を求める

- オブライジャー（義務を果たす人）は**何かに対する責任**を必要とする
- レブル（抵抗する人）は自分のやり方を貫ける**自由**を求める

また、各傾向がとりわけ価値をおくものに関連づけると、説得が容易になります。

- アップホルダーが価値をおくもの：**自制とパフォーマンス**
- クエスチョナーが価値をおくもの：**正当性と目的**
- オブライジャーが価値をおくもの：**チームワークと義務**
- レブルが価値をおくもの：**自由と自分のアイデンティティ**

傾向によってものの見方は大きく違います。そのため、自分自身にせよ自分以外の誰かにせよ、誰の心をも動かせる魔法のような答えは存在しません。

私はやることとリストに含まれているから定期的にエクササイズを行っています。運動を習慣にしているクエスチョナーは、それが身体に良い理由をすらすらと並べ立てます。オブライジャーは一緒にエアロバイクをこぐ仲間がいれば、毎週欠かさずにこぐでしょう。レブルは外に出たい気分になったときなど、自分がそうしたいと思ったときだけ走ります。

私の父はクエスチョナーですが、父から禁煙したいきさつを聞いたことがあります。「当時はまだ家計が苦しく、タバコを買わなくなったらいくら節約できるか、そしてそのお金で投資したらいくら増えるかを計算したんだよ」。つまり、数字を把握して禁煙のメリットに注目したということです。

これとは対照的に、オブライジャーの友人が禁煙したときは、生まれたばかりの息子に対する義務感からだったそうです。「子どもができたのだから、健康を害しかねない愚かなリスクはもうとれない。それに、息子の手本となる存在になりたい」

また、レブルの女性は「ニコチンに隷属するような人間になりたくない」と自分に言い聞かせたといいます。

4つの傾向について理解していれば、どうすれば相手の助けになるかがわかり、相手が必要としている役割を演じられるようになります。たとえば、糖尿病を患っている人は薬が手放せないうえ、食事と運動に気を配り、定期的に医師の診察を受ける必要があります。

1型糖尿病を患う妹のエリザベスから、こんな話を聞きました。「かかりつけ医が言っていたのだけど、彼が『良い人すぎる』という理由で診察を受けなくなる人がいるのよ」

「『良い人すぎる』ってどういうこと？」と私は尋ねました。

「優しすぎるってことよ。指示に従っていなくても、厳しいことをあまり言わないみたい」

「受けなくなったのはオブライジャーよ、きっと。彼らは責任を必要とするから」と私は言いました。「あなたもオブライジャーだけど、あなたの場合は診察予約を定期的に入れるだけで十分責任になる。でも、それ以上の責任が必要になる人もいる。だから、もっと責任を与えてくれる医師に変えるつもりなんでしょうね」

この医師が4つの傾向を知っていれば、患者に応じて何らかの責任を与えることができたでしょう。医療関係者の中には、4つの傾向をすでに活用している人もいます。

私は絵に描いたようなアップホルダーです。メイヨー・クリニックで臨床栄養士として働き、外来患者を日々相手にしています。

これまでずっと、食習慣を変えられない人がいることが不思議でなりませんでした。食習慣を変えれば病気が快方に向かって健康になれるとほとんどの人が知っているにもかかわらず、変えない人が大勢いることに困惑していたのです。でも、4つの傾向について理解してからは、そうした考えが一変し、患者に対する接し方が大幅に改善しました。

理学療法士からも同様のコメントが届きました。

私が専門とする心臓リハビリテーションでは、健康的な行動習慣を身につけるあと押しをすることが主な仕事となります。今では、話をすれば誰がどの傾向かすぐに分類できるようになりました。

アップホルダー　「これをやらないといけないのですね。わかりました」

クエスチョナー　「なぜこれをしないといけないのですか？　根拠を示してください。理由が知りたいです」

オブライジャー　「どうすれば習慣にできるのか、やり方を教えてください」

レブル　「あれを食べなさいとか、こういう運動をしなさいとか、命令しないでください」

54 何ごとも傾向に合った方法がいちばんの近道

読者から、次のような怒りのコメントが届きました。「お世話になっているセラピストは良い方ですが、外からの責任が必要だと伝えてもあまりピンとこないようで、私に必要なのは、『自分でやる気を奮い立たせること』と『自分ひとりで行うこと』だと思い込んでいるのです。もちろん、そう言われたところでできるようにはなりません。これまで一度もできなかったのですから。とにかく、私に効果がある対策をとってほしいです」

こうした意見は何度も繰り返し耳にします。率直に言うと、オブライジャーが行動を起こすのに外からの責任を必要とすることを問題視する（もっとひどいと、恥に思う）人の気持ちが理解できません。私自身は、「効果があるならいいじゃないか！」と思います。たとえまわりに理解されずとも、自分に効果がある方法を理解しておくのは必ず助けになります。

人は何かと習慣を変えたがります。自分の習慣に限らず、自分以外の誰かの習慣を変えたいと思うこともあります。そういうときに私たちがよく犯してしまう最悪な間違いは何でしょうか？　**「できるはず」という言葉を使うことです。**

- 「健康が大事なら、ひとりでも運動できるはず」
- 「仕事に対して真剣なら、このスケジュールでやれるはず」
- 「売上を伸ばしたいなら、ルールを曲げられるはず」
- 「私のことを尊敬しているなら、黙って従えるはず」
- 「自分を大事に思っているなら、執筆のための時間をつくれるはず」

「その人（自分自身も含む）にならできるはず」と思ったところで何の意味もありません。何をもって習慣が変わるかは、人によって違うからです。習慣や行動を変えさせたいなら、**その人が変わるうえで必要とするものを与えるべきです。**

それは、何をすべきかをより具体的にすることかもしれないし、より多くの情報を与えることかもしれません。あるいは、外からの責任や選択肢を与えることかもしれません。

これについて、読者から次のようなコメントが届きました。「私はオブライジャーで夫はクエスチョナーです。４つの傾向のことを話して聞かせたおかげで、夫はようやく、健康的な食事をしたかどうか尋ねてほしいと私が頼む理由を理解してくれました。それまでは、なぜそんなことを頼むのか不思議でならなかったようです。クエスチョナーの夫には、健康的な食事をしたいなら、そう決めて実行すればいいだけなのに、としか思えないので」

４つの傾向を理解すれば、誰にとっても良い状況が生まれやすくなります。たとえば、さまざまな傾向が入り混じったチームを率いるマネジャーが、会社として新たな処理システムの採用が決まったことをチームミーティングで伝えるとしましょう。そういうときは、「この新システムの中身や切り替える理由ならわかっているという人は、自分の席に戻ってかまいません。詳しく聞きたい人は残って何でも質問して」と言えばいいのです。

そうすれば、詳しい説明を必要としない人（主にオブライジャーとアップホルダー）の時間がムダにならないし、変化に適応するうえで情報を必要とする人（おそらくほぼクエスチョナー）には適切な情報を与えることができます。レブルは席に戻りたいと思ったタイミングでミーティングを抜けるでしょう。

大学教授が講義を受ける学生全員に課題の大切さを伝えたいなら、課題を出題するたびにその目的を説明してはどうでしょうか。「記事や論文を要約する課題に取り組んだ学生は、情報を吸収する力が高まりました。それに、自分で書いた要約は、試験勉強にとても役立ちます」。そして学期中は、月に一度メールで進捗を報告させるのです。また、課題を3つ用意して学生にどれかひとつ選ばせてもいいでしょう。このように、4つの傾向を考慮に入れれば、学生を的確にサポートできるようになるのです。

間違った伝え方には共通するものがいくつかあります。たとえば、アップホルダーやオブライジャーが誰かを説得するとなると、内なる期待を明確にすることの大切さを強調したがります。「自分が何をしたいかはっきりさせないと」「意図を明確にしなさい」「優先順位を決めるといい。そうすれば、何が正しいかわかるよ」という具合です。どれもすばらしいアドバイスですが、それが通用するのはアップホルダーかオブライジャーだけです。また、オブライジャーはよく、「これをしたら誰か困る人が出てくるかもしれない」「仕事なんだからやらないと」「誰かが代わりにやってくれると期待するのは良くない」といったことを口にします。これらもすばらしい意見ですが、通用するのはオブライジャーだけです。

ある教師から次のようなコメントが届きました。


優秀な教師はみな、自覚がなくても傾向の特性を活用していると思います。

例をあげると、私は4歳と5歳のクラスの担当で、今でも昼寝の時間があります。ほとんどの子に昼寝が必要なのですが、なかなか横になろうとしません。そんなときは、子どもの傾向に応じて声をかけています。

アップホルダーの子どもには、「今日はたくさんのことをしたね。それにいっぱい走った。昼寝から起きたら、みんなでゲームをするよ。ゲームのために、今は身体を休めようね」と。

クエスチョナーの子どもには、「毎日必ず昼寝をするようにと言うのはどうしてだと思う？　どうして昼寝は大切なのかな？」と尋ね、子どもたちの答えを聞いたら、「そのとおり！　じゃあ、横になったほうがいいよね？」と続けます（こう言えば、子どもたちは納得して横になります）。

オブライジャーの子どもには、「昨日みたいにしっかりと昼寝できたら先生はうれしいよ。大丈夫、君ならできる。それに、昼寝から起きたら身体がすっきりしているよ」と。

レブルの子どもには、「昼寝しなくてもいいけど、数分ほどベッドで静かにしていてくれるかな？　それでも眠くならなかったら、ベッドで本を読んでもいいよ」と言います（レブルの子どもは、寝るかどうかは自分で決めればいいとわかると安心し、結局は眠りに落ちます）。

55 伝え方を変えると結果が劇的に変わる

4つの傾向に照らしてみると、コミュニケーションがうまくいかない理由が見えてきます。**傾向の違いを考慮せずにコミュニケーションを図ろうとして衝突することが多いのです。**

たとえばアップホルダーの上司なら、「やると心に決めたら、何としてもやれ！」といった言葉でチームを鼓舞しつづけようとするでしょう。クエスチョナーは、オブライジャーの同僚に対して生産性の調査報告をメールで送りつづけるかもしれません。オブライジャーは、週一で開催されるエクササイズ教室にレブルの友人を登録し、レブルは、アップホルダーに細かいことを言うなと釘を刺す。

良かれと思ってのこととはいえ、相手の傾向にそぐわない言動でコミュニケーションを図ったところで、互いに腹を立てることになるばかりです。
それどころか、場合によっては危険な状況に追い込まれることもあります。
警官に車をとめられて「車から降りなさい」と言われたとき、クエスチョナーやレブルなら、「なぜです?」「降りろだなんて、何様のつもりだ?」「私は何もしていません。停止することに必然性はありませんよね」「あれこれ命令するな」といった反応をとるでしょう。警官が語気を強めるほど、反発の精神も高まります。そうなれば、状況はさらに悪化しかねません。

私は掲示の類いを見つけると、そこに書かれているメッセージが4つの傾向に即しているかどうかを確かめては楽しんでいます。メッセージの書き方しだいで、すべての傾向の人の協力を取りつけることもできれば、反発を招くこともあります。

すべての傾向の人に共感してもらうには、情報、起こりうる結果、選択の自由をメッセージに含めたほうがいいでしょう。

この順序は先にも紹介したように、レブルに効果があるのはもちろんのこと、情報と理由があればクエスチョナーの共感も得られやすく、起こりうる結果が記してあれば、オブライジャーもそれに従おうとします。アップホルダーは、ルールの類いには率先して従います。

(a)

トイレでのエチケット

DO： きれいに使いましょう。ゴミはゴミ箱に捨て、シンクは使った最後に水で流し、シンクまわりや便座に飛び散った水滴は拭き取ってください。

DO： トイレの水は必ず流しましょう。ちゃんと流れきったか確認してください。

DO： 自宅のトイレより丁寧に使いましょう。社内のものは丁寧に扱ってください。自分は気にならないという人も、ほかの人のために快適に使える状態を保ってください。

DON'T： ペーパータオルや生理用品は便器に流さず、備え付けのゴミ箱に入れてください。

きれいで清潔な状態を保っていただき、ありがとうございます！

(a)ある企業のトイレ

ある企業を訪れたとき、私は女性用トイレの壁にあった掲示に目をとめました。言葉を尽くしすぎたその内容を読んだら、写真を撮らずにはいられませんでした。

ただし、その文章は、残念ながらどの傾向からも共感を得られないものでした。

この掲示は、オブライジャーがオブライジャーに向けて書いたのでしょう。途中に出てくる、「自分は気にならないという人も、ほかの人のために快適に使える状態を保ってください」に注目してください。これはオブライジャーの視点で書かれたものです。レブルの共感を得たいなら、「ほかの人のことは気にならないという人も、あなた自身のために快適に使える状態を保ってください」と反対にしたほうが効果があるでしょう。それに、「DO／しよう」や「DON'T／するな」という押しつけがましい表現に対し、レブルはもちろん、おそらくはクエスチョナー、さらには私のような一部のアップホルダーも反発を覚えるかもしれません。

掲示は意外なほど反発を招きやすいものです。あるレブルはこう語ります。「私はノンスモーカーですが、『喫煙を控えていただきありがとうございます』という類いの掲示を見ると、タバコを吸ってやろうかと思います。命じられたからやっていると思わせるような物言いは大嫌いです」

(b)

> **おしらせ**
>
> この階でアリが見つかりました。
>
> 蔵書の保護にご協力をお願いします。
>
> 飲食物は持ち込まないでください。

(b)ニューヨーク・ソサエティ図書館

私が愛してやまないニューヨーク・ソサエティ図書館で、学習室の席に座ったときに、ごく短い言葉で4つすべての傾向の心をとらえる秀逸な掲示を見つけました。

この掲示を見たアップホルダーは、ルールを理解したので守ろうと思うでしょう。クエスチョナーは、飲食物を持ち込んではいけない理由は、飲食物があると虫が寄ってきて本を傷めるからだと理解するので守ろうと思います。オブライジャーは、

(c)

当ホテルは**環境の保護と資源の節約**を推進しています。
タオルを再利用することで、年間に処理される汚水の量を
大量に減らすことができます。
タオルを再利用される方は、**タオル掛けに掛けてください**。
再利用されない場合は、バスタブにタオルを入れてください。
当ホテルの取り組みをご支援いただければ幸いですが、
お客さまのお好きなほうをお選びください。

アリが見つかったということは、ルールを破っている人がいることを図書館が把握しているので守らなければ、と思います。そしてレブルの場合は、レブルで学習室を利用するのは本好きで図書館を大事に思っている人なので、蔵書を守ること、そして敬意を抱く司書の要望を尊重することにつながる行動をとろうと考えます。何より、アリがうろうろする場所で作業したいとは誰も思いません。

(c)インターコンチネンタルのバスルーム

ワシントンDCにあるウィラード・インターコンチネンタルのバスルームにも、4つの傾向すべての心に響く優れた掲示がありました。太字で書かれた最後の1行は、レブルに向けたものですね。

(d)

お客さま各位
スライド式ドアは必ず閉めてください。
湿度の高いフロリダでは結露が起こります。
ドアを開け放しにすると空調がオフになり虫が入ってきます。

(e)

イヌのおしっこは植物をダメにします。
イヌのうんちは臭います。
地域を思いやり、この場所をきれいに保つことにご協力ください。

(d)リッツカールトンのドア

フロリダ州のアメリア島にあるザ・リッツ・カールトンには、(d)のような掲示があります。どうやらスライド式ドアが開け放しにされるという問題を抱えていたようです。この掲示を見て、「結露が起こるから何だ？　それはホテルがずっと抱えている問題じゃないか。でも待てよ。空調が切れて虫が入ってくる？　それは問題だ」と思っている人がいることが想像できます。

(e)公園や沿道の花壇

公園や沿道の花壇のそばで見つけた次の掲示も4つの傾向すべてに響くものです。情報、起こりうる結果、選択の自由の順序がちゃんと守られています。それに、アイデンティティに訴えかけているところもいいです。

56 共感を引き出す伝え方をしよう

大事なことを実行に移してもらうには、すべての傾向の人から**共感を得る伝え方**をする必要があります。ニューヨーク市がハリケーン・サンディに見舞われたとき、マイケル・ブルームバーグ市長は被害が及びかねない地域の住民に避難指示を発令しましたが、避難を拒む人が大勢いました（アップホルダーの私には信じがたいことですが）。

ここで、各傾向に応じた避難を呼びかけるときのポイントを見ていきたいと思います。

アップホルダーは、避難することを期待されているとわかれば避難する。よって、家から出てほしいとはっきりと訴える。それだけでアップホルダーは納得して動く。

クエスチョナーは、理由に納得すれば避難するので、いつどこに、どの程度の強さのハリケーンに襲われたら避難するのかを説明する。その場に残ることにどんなリスクがあり、なぜ自宅を離れる必要があるのか、なぜその地域に残ることが危険なのか、堅牢な造りの家や高層階に住んでいてもなぜ危険なのかを伝える。その際は、発令にあたってアドバイスを求めた専門家（気象予報士、エンジニア、建築家など）に関する情報も添える。ただし、過去のハリケーンを引き合いに出すことには慎重になったほうがいい。そのときに問題がなかったことを覚えていたら、今回も大丈夫だから避難する必要はないと考えかねない。

オブライジャーを避難させるには外からの責任が必要なので、避難しなければこの通達を最初に受け取った人のみならずその家族も危険にさらされること、市の職員が避難したかどうかを確認すること、自宅を離れることを拒んだら罰則が課されることなどを強調する。

また、家族や近隣住民の安全を確保し、良き手本として行動することが住民の義務であることも添える。**避難することが、身近な人（ペットも含む）にとって最善の行動であると念を押すことを忘れずに。**

レブルは命令を嫌うが、自由や快適さがなくなりかねないと思えば喜んで避難する。よって、自宅にとどまれば、何日も身動きがとれなくなる恐れがあるほか、最悪家屋が危険な状態に陥ることや、そこまでいかなくとも、電気や水、エレベーターが止まり、公共交通機関も動かなくなる可能性があることを強調する。中華料理のテイクアウトができなくなることも添えると効果的かもしれない。

さらには、避難しなかった人は市で把握することも伝えたほうがいでしょう。どの傾向の人も、名前がバレないと思うとふだんと違う行動をとることがあるからです。

私は企業を訪れると、4つの傾向に活かせる掲示はないかとつねにキッチンのほうに目を向けてしまいます。冷蔵庫やシンクの近くに貼ってある掲示は、説得力を高める（あるいは弱める）伝え方を教えてくれるすばらしい教材だからです。

私が提供するアプリでも、「会社のシンクに使った食器を置きっぱなしにする人をなくすには、どんな掲示をするのがベストか？」というお題を投げかけてみました。すると、オブライジャーのひとりから次の提案がありました。

食器を片づけていただきありがとうございます。使い終わった食器は食器洗浄機に入れてください。洗浄が終わった状態の場合は、洗い終わっている食器をすべて取り出してから入れてください。洗浄中の場合は、食器をすすいでシンクに置き、洗浄が終わったら機械に入れてください。シンクに置いておいても、洗ってくれるママはここにはいません。

これを読んだ途端、この掲示では効果がない理由が次々に思い浮かびました。

なるほどと思ったアイデアの中には、掲示は不要だとするものがありました。たとえば、誰のものかわかるマグカップを全員に支給すれば、「自分のカップ」となるので自分で洗おうという気持ちが強くなります。それに、誰がカップを置きっぱなしにしたのかわからない、ということもなくなるでしょう。

何も掲示しないのがいちばんとの声は多かったですが、ベストの掲示はやはり「情報、起こりうる結果、選択の自由」の順序で伝え、**「ユーモア」をきかせることが大切だという結論に至りました。**メッセージにユーモアをきかせれば、読んだ人の記憶に残りやすく、反発心を煽らないからです。コマ割り漫画で有名な「ディルバート」や「ニューヨーカー」誌の漫画から、メッセージに適したコマを選んで掲示すれば、長々と説明を書くより効果的かもしれません。

ユーモアのきいた掲示といえば、プールサイドで見つけた「トイレで泳ぐ人はいません。プールでおしっこをしないでください」というのが印象的です。また、とある会社のキッチンでは、レブルが書いたと思われる「キッチンがいつもきれいになれば、キッチンをきれいに保ちましょうという掲示を外します」という掲示を見つけました。

どんな状況であっても、４つのどの傾向にも納得してもらう形で期待を示せば、より多くの協力を得られて目的が達成しやすくなり、摩擦が起きにくくなります。

誰かに何かをさせたいと思うと、人はつい自分に効果のある方法を使おうとしてしまいますが、４つの傾向を思い出せば、相手を動かすのに必要なものを与えられるようになります。それがひいては、仲良く協力し合う関係を生むのです。

おわりに
～傾向を知れば思い通りの人生を歩める～

コーヒー豆は標高７０００フィート（約２１００メートル）までしか育たず、ヒマラヤスギは標高７０００フィートより高い場所でも育つ。それと同じで、私たち人間が幸福と自由を感じるには、特定の土、温度、高度が必要で、どういうものが必要かは一人ひとり違う。非常に限定的なものを必要とする人もいれば、どこにでもあるものでかまわない人もいる。幸福と自由を感じるとはつまり、自分の本質を最大限に高められるようになることだ。トラピスト会の修道院とベルリンの法廷のどちらでも完全な自由を感じられる人もいるだろう。ただし、それができるのはおそらく、ふつうとは変わっていて、どちらの場所でも自由を感じるという異常なまでに寛大な性格の持ち主だけではないか。

イサク・ディーネセン　１９２３年8月19日付けの手紙

人が持つ傾向によって、何を経験し、どのようなものの見方をするかが形づくられます。同じ状況におかれたり、同じ言葉をかけられたりしても、どのような反応をとるかは人によって違います。成功する環境も人それぞれです。

ですが、どのような傾向を持っているにしても、さまざまな経験や知恵を通じて、その強みを活かし、マイナスの側面を補えるようにはなります。

4つの傾向についての講演を終えたあと、ひとりの男性が近づいてきて、「どの傾向がいちばん幸せになれるのですか？」と私に尋ねました。

その瞬間、私はドキッとしました。誰もが思い浮かべておかしくないこの疑問が、私の頭を一度もよぎったことがなかったからです。「それと」男性はさらに続けました。「こちらもよく聞かれると思いますが、いちばん成功を収める傾向はどれですか？」

その答えは、「ケースバイケース」としか言いようがありません。自分の傾向のメリットとデメリットとどうつきあうかで変わるからです。

人一倍幸せな人や、人一倍成功を収める人というのは、自分の傾向を自分のために活かす術を見つけた人たちだと思います。そしてもちろん、傾向の欠点をカバーする方法も見つけています。自分の思い描く人生に向けて歩き出すことは、誰にでもできる。ただし、その歩き方は自分にとって正しいものでないといけないのです。

レブルの小説家、ジョン・ガードナーは「法律を破れば必ず代償を払い、法律に従っても必ず代償を払う」と述べています。

私はどうしてもこの言葉が忘れられません。アップホルダー、クエスチョナー、オブライジャー、レブル。**自分の傾向がどれであっても、私たちはそれがもたらすものと向き合うことになります。**傾向の強みと弱み、傾向のせいで生まれる弱点や苛立ちとつきあっていくことが求められます。

自分の傾向を理解することで、自分が払う代償はどういうものか、いつ払うのか、なぜ払うのかということがしっかりとわかるようになります。そしてひいては、自分が望む人生のつくり方が見えてくるのです。

謝辞

書いていて本当に楽しかった！　４つの傾向の理解に協力してくれた大勢の人たちに、心からの感謝を捧げたいと思います。

まずは私の家族に。この数年、毎日のように４つの傾向の話を聞いてくれてありがとう。

そして、私の優秀なエージェントである、フレッチャーのクリスティ・フレッチャー、シルヴィー・グリーンバーグ、グラーニア・フォックス、サラ・フエンテス、ミンク・チョイ。

心から信頼する編集者のメアリー・レイニックス。私をチームで支えてくれる、ダイアナ・バローニ、サラ・ブレイフォーゲル、ジュリー・ケプラー、アーロン・ヴェーナー。彼らをはじめ、本書の制作に携わってくれたすべての人。

出版社トゥー・ローズのリサ・ハイトン。彼らにも心から感謝します。

本書の執筆にあたって私の考えをまとめるにあたり、ベス・ラシュバウムが尽力してくれました。

4つの傾向診断テストの作成にあたり、問題作成と監修に協力してくれた、アペリオ・インサイツのマイク・コートニーとクェン・グエン。

マーケティングを担当してくれた、ジャイミ・ジョンソン、ジョディ・マチェット、デイヴィッド・ストルーフェをはじめとするワーシー・マーケティングのみなさん。

そして、私の言葉を日々世界に発信してくれる、クリスタル・エレフスン。

ベターアプリの開発維持をお願いしている、ジーナ・ビアンキーニ、オードラ・リンジー、ブライン・ヴー、レイチェル・マスターズをはじめとするマイティ・ネットワークスのみなさん。

ポッドキャストの配信に携わるパノプリーの優秀なプロデューサー、クリステン・マインツァー、前プロデューサーのヘンリー・モロフスキー、アンディ・バウアーズ、ローラ・メイヤー。そして、私と一緒に番組ホストを務める聡明な妹のエリザベス・クラフト。

ここに名前をあげたみなさんに、心からお礼を言いたいと思います。

原　註

本書で紹介する、メールやブログへの投稿をはじめとする個人的なエピソードについては、細部を変更し、わかりやすくなるように編集を加えている。すべて、実在する人が経験したことである。

はじめに

1　この調査はアペリオ・インサイツが実施した。アメリカ全土から、性別、年齢、世帯収入の異なる成人を代表サンプルとして抽出し（n=1,564）、2016 年 7 月 18 日から 8 月 2 日にかけて 4 分間のオンライン調査を行った。

第 2 章　「約束を守る人」はこう動く

2　Matt Huston, "Status Updates Don't Lie," PsychologyToday.com, July 8, 2015, http://www.psychologytoday.com/articles/201507/status-updates-don-t-lie.

第 4 章　「疑問を持つ人」はこう動く

3　Walter Isaacson, *Steve Jobs*（New York: Simon & Schuster, 2011）pp.43, 453-56.『スティーブ・ジョブズ』（ウォルター・アイザックソン、井口耕二訳、講談社、2011 年）

第 6 章　「義務を果たす人」はこう動く

4　Kelly McGonigal, *The Willpower Instinct: How Self-control Works, Why It Matters and What You Can Do to Get More of It*（New York: Avery, 2013）.『スタンフォードの自分を変える教室』（ケリー・マクゴニガル、神崎朗子訳、大和書房、2012 年）

5　Nalika Gunawardena, et al., "School-based Intervention to Enable School Children to Act as Change Agents on Weight, Physical Activity and Diet of Mothers: A Cluster Randomized Controlled Trial," *International Journal of Behavioral Nutrition and Physical Activity* 13（2016）:45.

第 8 章　「抵抗する人」はこう動く

6　Claire Cain Miller and Quoc Trung Bui, "Rise in Marriages of Equals Helps Fuel Divisions by Class," *New York Times*, February 27, 2016, A1.

訳者あとがき

本書の原題は『*The Four Tendencies*（４つの傾向）』。

その名のとおり、４つの傾向について教えてくれる本です。「４つの傾向」とは著者が考案した分類法の名称です。詳しいことは本書を読んでいただくとして、端的に言うと、外から課される期待や自分で自分に課す期待に対し、人の反応は大きく４つに分かれます。期待に進んで応えようとするのがアップホルダー。疑問を抱くのがクエスチョナー。義務ととらえるのがオブライジャー。反発するのがレブルです。自分の傾向はどれに該当し、身近にいる人の傾向はどれに該当するかを知ると、人生が変わります。

人生が変わるなんて大げさな……と思うかもしれませんが、案外自分のことは見えないものです。人にはさまざまな面があります。負けず嫌いや引っ込み思案といった性格は自覚していても、頼みごとをされたときや交通ルールに対してふだんどのように感じているかを意識したことはあまりないと思います。傾向という自分の新たな一面を認識し、つきあっていく方法を知れば、自分自身との向き合い方や人との接し方が変わります。自然と良い方向へ変えようとするはずです。

傾向という側面から人をとらえるようになれば、コミュニケーションのとり方の幅が広がります。苦手に思っている人がいるなら、その人の傾向は何だろうと考えてみてください。そうすればきっと、これまでとは違う接し方を試してみたくなります。やりたいことがあるのに取りかかれずに悩んでいる人は、やる気や忙しさの問題で片づけないでください。傾向に合ったやり方に気づいていないだけかもしれません。あなた自身のこと、あなたにとって大切な人たちのことを深く知れば、一歩を踏み出す勇気につながります。持って生まれたものは変えられなくても、あなたを取り巻く環境は、あなた自身の手で変えることができる。本書を通じて、あなたの人生がより幸せなものとなりますように。

最後になりましたが、本書の翻訳にあたり、編集者の岡田寛子さん、日経BPの中川ヒロミさん、宮本沙織さんに大変お世話になりました。心からお礼を申し上げます。

2019年7月

花塚　恵

〔巻末付録〕4つの傾向クイック診断

手早く気軽に傾向を知る方法はないかと多くの声が寄せられました。

採用者を選ぶ際に活用したいマネジャー、生徒のことを理解したい教師、個々の患者に応じてアプローチの仕方を変えたい医療関係者、初デートを控えた人をはじめ、パーティでの会話のきっかけに使いたいという人もいるようです。

いくつかの質問を投げかけると、相手の傾向を強く引き出すことができます。ただし、具体的な「答え」に耳を傾けるのではなく、答えを導き出した理由やどのような表現を使うかに注意を払うことが大切です。

答えそのものより、質問に対する考え方のほうが重要なのです。

4つの傾向は重なり合うため、質問によっては2つの傾向の答えが同じになることもあります。

また、クエスチョナーとオブライジャーの割合が多いので、質問する相手がそのどちらかである可能性が高いと思われます。

もちろん、状況によっては、正直に答えたら自分を低く見られるかもしれないと恐れる人もいます。必ずしも正直な答えが得られるとは限らないという点も、覚えておいてください。

それでは、**診断に使える質問**をいくつか紹介しましょう。

「新年の誓いについてどう思いますか？」

一般に、アップホルダーは新年の誓いに好意的であり、新年以外のタイミングでもさまざまな誓いを立てます。

クエスチョナーも誓いを立てて守りますが、1月1日を特別視したがらない人が多く、その日を待って誓いを立てるのは非効率的だと考えます。

オブライジャーにこの質問をすると、過去に誓いを立てて守れなかったからという理由でもう立てなくなったという答えが返ってきます。あるいは、立てたとしてもたいていは守れないという答えになります。

レブルは誓いを立てて守ることを楽しいと感じますが、自分がやりたかったから、自分が楽しめるものだったから、自分にとってチャレンジとなることだったから、という点を強調したがります。

「壁に『携帯電話の使用禁止』という貼り紙がある場所で、誰かが携帯電話を取り出して使いはじめたらどう思いますか？」

アップホルダーならきっと、「その場にいづらいと感じる」と答えるでしょう。

クエスチョナーなら、そのルールの正当性について分析し、妥当かどうかを判断します。無意味だと判断すれば、ルールを破っている人を見ても気になりません。

オブライジャーも「いづらいと感じる」と答えるでしょうが、その理由として、「公共の場で携帯電話を使うのはほかの人の迷惑になる」や「使ったら怒られるのではないか」といった言葉が続くと思われます。

レブルは「気にならない」と答えるでしょう。それどころか、彼ら自身もルールを破り出すかもしれません。

「純粋に楽しみのためだけに、無料の講座を受講したことがありますか？　仮に申し込んだ

として、身近な人から『その講座に通われるとちょっと困る』と言われたらどんな反応をとりますか?」

ほとんどの人は、おそらく「なぜ困るのか、困るというのはどの程度のものなのか、その講座が自分にとってどのくらい大事かによる」と答えると思います。そうしたら、困るというのは、ごくささいな意味でのことだと説明を加えてください。

アップホルダーはきっと、かまわず受講すると答えるでしょう。「行きたくて申し込んだのだから、少々困るという人には申し訳ないとは思うが、我慢してほしい」と彼らは考えます。また、自分で自分に課した期待に応えることになるので、自分の立てた計画を守り抜くことの大切さを強調するでしょう。

クエスチョナーも同じです。ただし、クエスチョナーの場合は、そもそも受講を決めた理由や正当性についても語りはじめるかもしれません。

オブライジャーは、誰かが困っていると思うと心が揺れます。その困っているという外からの期待が苦痛なのです。

レブルはきっと、気分がのらなければ行かないという答えになるでしょう。そもそも申し込まないという人もいるかもしれません。講座がある日に行きたい気分になるかどうかわからないからです。申し込んだとしても、行く気にならなければ行かないのがレブルです。

「これまでに、大事な習慣が身についた、または途絶えたことはありますか？」

この質問に対し、「毎朝お隣さんとウォーキングしていたけれど、彼女が引っ越してから歩かなくなった」といった答えをする人はオブライジャーです。

「筋力トレーニングの大切さに関する資料に目を通し、数人のトレーナーと面談してから、筋力トレーニングを行うようになった」という答えならクエスチョナー。

「走りたい気分になれば走る」というのはレブル。

アップホルダーは、次々に例をあげるでしょう。

「自分のやることリストを完了させるのは簡単ですか？　また、誰かのためのやることリストについてはどうですか？」

アップホルダーは、自分のやることリストも、誰かから渡されたやることリストも、どちらも簡単に完了することができます。

クエスチョナーは、自分のやることリストのほうが完了させやすいでしょう。

オブライジャーは、誰かから渡されたリストのほうが完了させやすいでしょう。

レブルはリストを無視することがほとんどですが、「やることリストはつねにつくっているが、やろうという気になったときに、やろうと思ったことにしか取り組まない」という答えが返ってくるかもしれません。

もっと手軽にできる診断方法も紹介しましょう。

「堅物と呼ばれたことがありますか？」

この質問に「イエス」と答える人はアップホルダーです。

「質問が多すぎると言われたことがありますか？」

この質問に「イエス」と答える人はクエスチョナーです。

「誰かとの約束は破ってはいけないが、自分自身との約束は破ることがあってもいいと思っていますか？」

この質問に「イエス」と答える人はオブライジャーです。

「ルールに反していると、楽しさが増すと思いますか？」

この質問に「イエス」と答える人はレブルです。

最後に、各傾向にとって、もっとも重要な問いについても紹介しておきましょう。

- アップホルダーにとってもっとも重要な問い——「**これをすべきか？**」
- クエスチョナーにとってもっとも重要な問い——「**これに意味はあるのか？**」
- オブライジャーにとってもっとも重要な問い——「**これを大事だと思う人がほかにいるだろうか？**」
- レブルにとってもっとも重要な問い——「**自分はこういう人間になりたいか？**」

著者プロフィール

グレッチェン・ルービン　Gretchen Rubin

作家。人間の本質をテーマにした作品で世間に大きな影響を与えている。『Happiness Project（人生は「幸せ計画」でうまくいく！）』や『Better Than Before（人生を変える習慣のつくり方）』をはじめとする著作はベストセラーとなって350万部を売り上げ、30か国語以上に翻訳された。賞を獲得した人気ポッドキャスト、「ハピアー・ウィズ・グレッチェン・ルービン」の司会も務める。アメリカの大物司会者オプラ・ウィンフリーのインタビューを受け、ノーベル経済学賞受賞者のダニエル・カーネマンと会食し、ダライ・ラマと腕を組んで歩いたことがある。法律家としてキャリアをスタートさせたが、アメリカ初の女性連邦最高裁判事となったサンドラ・デイ・オコーナーの書記官を務めていたときに、本当になりたいのは作家だと気づいた。ニューヨーク・シティに家族と暮らす。

訳者プロフィール

花塚　恵（はなつか　めぐみ）

翻訳家。福井県福井市生まれ。英国サリー大学卒業。英語講師、企業内翻訳者を経て現職。主な訳書に『人生を変える習慣のつくり方』（文響社）、『人生は「幸せ計画」でうまくいく！』（サンマーク出版）、『SLEEP　最高の脳と身体をつくる睡眠の技術』（ダイヤモンド社）、『Appleのデジタル教育』（かんき出版）、『ハーバードあなたを成長させるフィードバックの授業』（東洋経済新報社）などがある。東京都在住。

苦手な人を思い通りに動かす

2019年7月31日　第1版第1刷発行

著　者　グレッチェン・ルービン
訳　者　花塚　恵
発行者　村上広樹
発　行　日経BP
発　売　日経BPマーケティング
〒105-8308　東京都港区虎ノ門4-3-12
https://www.nikkeibp.co.jp/books/

装　幀　小口翔平＋岩永香穂（tobufune）
編　集　岡田寛子、宮本沙織
制　作　山中　央
印刷・製本　中央精版印刷株式会社

ISBN978-4-8222-8983-6　Printed in Japan 2019